걸리보의 생각왕시리즈 **3**

단순요약

추상왕

단순요약 추상왕

새앙뿔

머리말

"단순 요약, 추상"
-생각을 발전시키는 세 번째 걸음

    어느덧 세 번째 모험이다.
    이제까지 걸리보와 함께 떠난 두 번에 걸친 생각왕이 되어가는 모험은 관찰과 상상이었다. 주변의 것들을 무심히 보고 넘기지 않고, 자신의 머릿속에 떠오르는 이미지를 풍부하게 키워 나가다 보면 자연스럽게 생각의 틀이 생기고 발전하기 시작한다.

    관찰과 상상이 주변을 다양하게 살피고 마음껏 이미지를 풀어놓는 과정이었다면, 세 번째는 조금 다른 모험이다.
    생각을 발전시키는 세 번째 걸음은 '단순 요약 – 추상'이다. 이렇게 말을 하면 어려워 보일지도 모르겠다. '단순 요약'이라는 게 도대체 무슨 의미고, '추상'이라는 말은 또 어떤 의미일까?
    우리가 흔히 쓰는 말 중에 '단순 무식'이라는 말이 있다. 이때 '단순하다'는 영어로 simple이라고 쓰고, 한자로는 單純이라고 쓰는데, 그 뜻은 '복잡하지 않고 간단하다'라는 뜻이다. '요약'이라는 말은 영어로 summary라고 쓰고, 한자로는 要約이라고 쓴다. '말이나 글의 요점을 잡아서 간추린다'는 뜻이다.
    이 두 단어를 합치면 '단순 요약'이라는 말은 '복잡하지 않고 간단하게 말이나 글의 요점을 추려낸다'는 뜻이 될 것이다. 그런데 말이나 글은 우리의 생각이 들어가지 않으면 혼자서 나올 수가 없다. 그러니 '단순 요약'은 '우리의 복잡한 생각을 간단하게 정리한다'는 뜻이라고도 할 수 있다.

이런 단순 요약을 좀 어려운 말로 '추상(抽象, abstraction)'이라고 한다. 사람들은 그림을 보거나 어떤 이야기를 들을 때 "추상적이어서 이해가 잘 안 가."라는 말을 하기도 하는데, 이 말은 너무 간단해서 오히려 이해가 잘 안 된다는 뜻이다.

그렇다면 '추상'이란 것이 마냥 불친절하고 안 좋은 걸까? 사람들 사이에 사전에 약속이나 이해가 공유되어 있다면 '추상'만큼 간단하고 편리한 것이 없다.

신호등을 예로 들어 보자. 신호등은 우리에게 직접 길을 건너거나, 멈추라는 말을 하지 않는다. 신호등의 색깔이 바뀌는 것을 보고서 사람들은 움직인다. 이때 신호등의 '빨강', '노랑', '파랑'이 어떤 의미인지 사람들 사이에서는 미리 약속이 되어 있다. 빨강은 멈추라는 뜻, 노랑은 주의하라는 뜻, 파랑은 가라는 뜻이다. 글자가 써 있지도 않은데 사람들은 모두 같은 생각을 갖고 있기 때문에 신호등 불빛 대로 움직여 사고가 나지 않는 것이다.

이렇게 구체적인 의미를 간추려서 추상적으로 표현해 놓았다고 해도, 여러 사

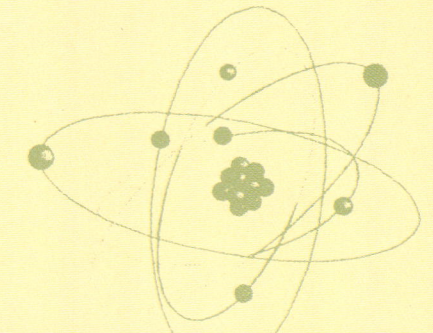

람들이 그것을 이해한다면 '추상'은 무엇보다도 편리하게 사용할 수 있다. 또한 '추상'은 우리의 복잡한 생각을 간단하게 만들어 세상의 이치를 빨리 깨닫게 해 준다.

'추상'이란 상상한 것을 잘 간추리는 머리의 작업이다. 이 말은 어떤 체험이나 느낌을 단 한 줄로, 혹은 한 개의 줄거리로 정리하는 능력을 말한다. 즉, '단순 요약 - 추상'은 여러 가지 잡다한 것에서 뺄 것은 빼고 중요한 한 가지 포인트만 강조하는 것이다.

추상을 잘 하는 사람은 사물의 특징도 잘 잡아낼 수 있다. 세상에서 단순 요약을 가장 잘 한 사람이 누굴까? 바로 아인슈타인이다. 그가 발견한 빛의 비밀은 '에너지는 질량의 제곱에 비례한다($E=MC^2$)'라는 간단명료한 공식에 모두 들어 있다. 이 공식 때문에 사람들은 핵 에너지를 사용할 수 있게 되었다.

위대한 과학자들은 이렇게 우리 주변에서 발생하는 여러 자연현상들의 본질이 무엇인지 파고들어 그 속에서 가장 요점이 되는 진실을 발견해낸 사람들이다.

이외에도 추상에는 사물이나 단계, 음식의 맛 같은 것을 일목요연하게 만드는 것도 포함된다. 그래서 단순 요약 능력이 길러지면 사물의 성질을 빨리 파악할 수도 있고, 강의를 듣거나 수업을 할 때 요약 정리를 잘하게 된다.

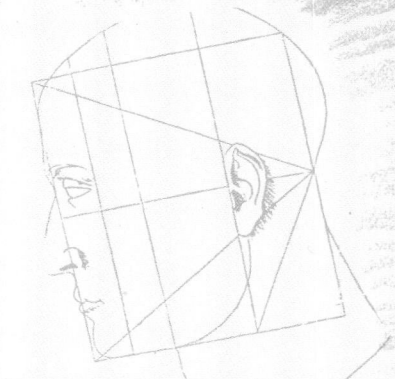

　우리의 주인공 걸리보가 여러 가지 사건을 겪으면서 관찰력과 상상력을 키워오며 드디어 단순 요약과 추상 능력을 키울 수 있는 만반의 준비를 갖추게 되었다. 이번에 걸리보는 표준 올림피아드에 나가게 되었다. 녀석이 또 어떤 결과를 얻어낼지 기대가 크다.

　이 글을 읽는 어린이 친구들에게도 부탁이 있다. 부디 걸리보의 모험을 자신의 모험으로 여겨주길 바란다. 그렇게 된다면 이 책의 이야기가 바로 자기 이야기가 될 수 있다.

　세상 사람들이 에디슨이나 아인슈타인을 아무리 대단하다고 해도, 그들이 위대해지기까지는 다 이렇게 한걸음한걸음 생각의 단계를 키워가면서 자신을 갈고 닦는 시간이 있었다는 사실도 잊지 말기 바란다.

　그럼, 이제 추상왕이 되기 위해 모험을 떠날 시간이다.

2010년 5월
김재헌

단순요약

걸리버의 생각왕시리즈 3

축 상왕

차례

머리말 4

1 추상의 세계로 들어가기

생각이 그림으로, 그림이 모양으로 14
표준 올림피아드가 뭐지? 22
사람들은 요약된 것을 좋아한다 32
황금비율의 비밀을 파헤치다 40

2 덜어내고 뼈대만 남기는 것이 **추상의 기본**

걸리버, 민지에게 데이트 신청을 하다 50
추상도사를 만나다 56
신화 속에 나타난 추상 66
그림과 시, 음악에 나타난 추상을 살피다 74

3

추상의 다양한 방법을 배우자

이야기로 만들어 기억하라 82
걸리보와 민지, 지하기지를 발견하다 90
세상의 모든 물질을 추상화 시키면? 99
모방하는 방법을 통해 추상화한다 108

4

걸리보, 표준 올림피아드에 나가다

모든 사람은 추상작업을 하고 있다 118
표준 올림피아드에 대해 알아보기 120
비빔밥의 표준화를 준비하다 128

5

추상의 본질은 **진리에 대한 탐색**이다

다양한 표준화 아이디어들 142

종이로 의자를 만들어라 145

추상을 하기 위해서는 사물의 본질을 제대로 알아야 한다 151

표준화 원칙으로 시계 만들기 155

맺음말 164

1 추상의 세계로 들어가기

생각이 그림으로, 그림이 모양으로

전국 창의력 경진대회에서 대통령상을 받은 걸리보는 시나리오를 쓰면서 다양한 아이디어가 떠올랐었다. 이 과정을 통해 걸리보는 생각을 다양한 방향으로 펼칠수록 더 많은 '상상'을 해낼 수 있다는 것을 배웠다.

이렇게 두 번 연속 상을 타자 걸리보는 학교에서 일약 유명 스타가 되었다. 걸리보의 재미있는 시나리오는 어린이 신문에도 실려서 학교 게시판에 기사가 전시되기도 했다. 걸리보네 반에서는 학년 말 학예회에서 걸리보의 시나리오를 연극으로 만들어 올리기도 했다.

걸리보는 유명해지는 것이 싫지는 않았지만, 그렇기 때문에 책임감도 더 느끼게 되었다. 까불이 걸리보는 점점 의젓한 걸리보가 되었다. 물론, 가슴 속의 끼가 사라질 리는 만무했다. 가끔씩은 예전처럼 장기 자랑에 나가서 개그맨 못지않은 몸짓으로 아이들을 웃기기도 했다.

걸리보는 좀 어리숙하고 공부를 잘하는 학생도 아니었다. 하지만 여러 계기를 통해 책도 읽고, 힘든 상황에서도 지치거나 포기하지 않고 관찰을 열심히 하며, 상상하고 고민하고 연구하다 보니 이렇게 두루 인정받는 학생이 된 것이다.

비단 걸리보 뿐만이 아니다. 누구라도 이렇게 관찰하는 방법을 배우고, 관찰한 것을 머릿속으로 그려보고 그것을 점점 더 확대시켜보면 자신도 모르게 엉뚱한 데서 실마리가 풀리며 누가 봐도 감탄할 만한 아이디어를 떠올리게 될 것이다.

아이디어가 떠올랐다면 이젠 남들에게 보여주는 것만 남았다. 다른 사람이 이해하기 쉽도록 글이나 그림, 혹은 작품으로 남기는 방법을 터득한다면 아이디어는 살아 숨쉬는 생명을 얻게 될 것이다.

걸리보가 경험한 관찰과 상상은 생각이 만들어지는 첫 번째와 두 번째의 관문이었다. 이제 걸리보와 독자 여러분은 세 번째 관문에 다다른 것이다.

그렇다면 질문을 처음으로 되돌려 보자. 과연 '생각'이라는 것은 무엇일까?

생각의 시작은 관찰이다. 무언가를 발명하기 위해서는 생각의 과정이 다음과 같이 흘러간다. 우선 꼼꼼하고 구체적인 관찰을 통해 원리를 깨달은 다음 풍부한 상상력으로 자신이 만들고 싶은 것에 적용을 해본다. 이 과정은 머릿속으로 진행된다. 그런 후 '아! 저것은 이렇게 만들면 되겠구나.' 하는 그림으로 머릿속에 형상화한다. 여기서 한 걸음 더 나아가 단순하게 요약하는 추상이라는 방법을 통해 만들고자 하는 물건의 모습이 구체적으로 나타나기 시작한다. 이것을 단순화 작업이라고 한다.

이렇게 보면 어린이 여러분은 세상에서 새로운 것은 하나도 없다고 말할지도 모르겠다. 촘촘한 거미줄을 본 후 물고기를 잡는 그물을 만들어 냈다면, 그 사람은 새로운 것을 발명해낸 것일까, 아니면 세상에 있던 것을 조금 바꾼 것일까?

하지만 알쏭달쏭 헷갈릴 필요는 없다. 누군가 생각해 놓은 것을 새롭게 관찰하고 상상하면서 추상화시켜 나가는 과정에서 이전과는 다른 새로운 것이 발명되는 것이다.

우리의 걸리보, 녀석도 물론 이런 생각을 갖고 있었다.

창의력 경진대회에서 대통령상을 받은 걸리보는 '어린이 신문사' 기자로부터 이런 질문을 받았다.

"걸리보 학생, 시나리오에 나오는 우주 거북선의 원리가 과학적으로 근거 있는 이야기들이어서 흥미로웠어요. 이 우주 거북선은 학생의 순수한 창작물인가요, 아니면 어디서 힌트를 얻은 것인가요?"

혹시, 여러분도 기자에게 질문을 받아본 적이 있을까? 게다가 자신보다 나이도 많은 어른이 질문을 하면 누구나 먼저 가슴이 콩알만 해지고 긴장하기 쉽다.

하지만 걸리보가 누군가. 배짱 하나는 타의 추종을 불허하는 친구이다. 걸리보는 떨지 않고 자신의 생각을 차근차근 이야기해 나갔다.

"세상에 100% 순수한 상상과 창작물은 없는 것 같아요. 주변을 잘 살펴보면 우리 생활에 응용할 수 있는 비밀들이 가득하거든요. 저는 책을 읽고 주변을 관찰하면서 아이디어를 얻었어요. 저희 집 주변에 산과 들이 있어서 자주 놀러 나갔는데, 제게는 자연 속의 곤충이나 식물들이 좋은 선생님이 되었어요. 이런 것들을 관찰한 것을 바탕으로 제 생각을 보태 상상을 하다 보니 이런 시나리오가 나온 것 같아요."

걸리보의 말대로 세상에 100% 순수한 창작은 없다. 이미 있는 아이디어에 다른 아이디어를 합하면 새로운 아이디어가 만들어져 이전까지 없었던 발명이 이루어지는 것이다.

우리 주변에서 쉽게 찾아볼 수 있는 풀만 봐도 새로운 아이디어가 더해짐에 따라 접착제가 어떻게 발전했는지 알아볼 수 있다.

접착제란 물체와 물체를 붙이는 재료다. 송진 등을 두 물체 사이에 바르면 물체가 붙는다는 것을 발견한 것이 접착제의 시초다. 이후에 녹말풀이나 다양한 화합물들을 접착제로 사용하게 되었다.

접착제의 역사

기원전 4천 년경의 선사시대 음식물 매립지에서 나무의 수액으로 만들어진 끈끈이로 붙인 토기 조각들이 발견되었다. 또한 지금으로부터 6천 년 전에 만들어진 고대 바빌론 신전의 조각상의 눈은 '타르'로 붙여져 있다. '역청'은 아스팔트의 일종으로 바빌론에서 건축용 접착제로 사용했다는 기록도 있다.

이후 접착제는 점점 나무의 수액, 곡물가루에 물과 열을 가해 만든 풀 등으로 발전되다가 동물의 뼈를 녹인 아교 등으로 발전해 종류가 다양해졌다.

어린이 여러분도 학교에서 다양한 활동을 하면서 접착제를 많이 사용할 것이다. 그렇다면 접착제에는 어떤 것들이 있을까?

본드와 같은 공업용 접착제, 몇 초 만에 두 물체를 접착시키는 순간 접착제, 그리고 특수한 목적에 사용되는 에폭시 접착제 등 실제로 접착제의 종류를 살펴보면 다양한 목적과 사용해야 하는 물건에 따라 무궁무진하다. 그렇다면 접착제에서 가장 중요한 것은 무엇일까? 당연히 강한 접착력이다.

셀로판테이프를 손가락에 붙였다 뗀 후 현미경으로 보면 돌멩이 같은 무늬가 보인다. 이 돌멩이들은 손가락에 붙어 있는 먼지나 피부 각질이 떨어진 것이다. 순간 접착제의 경우, 자칫 잘못 사용해서 우리 몸에 묻었다간 병원에 가서 접착제를 녹여내야 하는 상황이 생기기도 한다. 별것 아니라고 생각해 그냥 떼어내려고 하면 더 크게 다칠 수 있다.

그렇다면 접착제들은 무조건 접착력이 강할수록 좋은 것일까? 대개는 접착력이 강할수록 좋지만, 그렇지 않은 경우도 있다.

접착제를 이용한 물건 중에는 떼었다 붙였다 하는 것도 있다. 무조건 한번 붙인 대로 고정이 되어 버리면, 실수도 많아질 것이다. 또한 메모 같은 것은 여기저기 붙였다 떼었다 하면서 정리를 하는

것이 더 편리하다. 이런 필요성이 '포스트잇'이라는 제품을 만들어냈다. 그런데 포스트잇에는 재미있는 일화가 있다. 포스트잇이 원래는 실패작이었다는 점이다.

미국의 한 접착회사에 다니던 화학자 스펜서 실버(Spencer Silver)는 연구 끝에 한 종류의 접착제를 개발했지만, 접착력이 너무 떨어지고 불안정했기 때문에 사용할 수가 없었다. 하지만 같은 회사의 연구원이던 아트 프라이(Art Fry)의 생각은 달랐다. 프라이는 이 접착제가 책갈피나 메모를 붙여 놓는데 적합하다고 생각했고, 자신의 아이디어를 제품으로 만들기 위해 노력했다.

이 제품이 성공하려면 접착제가 붙는 부분이 두꺼워지지 않게 종이에 바르고 종이를 서로 붙여 놓았을 때 접착제 부분이 잘 떼어지게 만들어야 했다. 다른 접착제들은 접착력이 강할수록 좋은 것이었지만, 포스트잇은 붙이는 물건에 자국조차 남기지 않도록 접착력이 가벼워야 했다. 그런 목적으로 여러 아이디어를 모집하다가 실패한 접착제를 통해 최고의 제품을 만들어내게 되었다. 아이디어에 아이디어를 더했더니 새로운 제품이 나온 것이다.

그렇다면 여기서 누가 이 포스트잇을 처음 상상하게 되었을까? 그리고 어떻게 단순화시켰을까? 사실 포스트잇의 발명은 어느 한 사람만의 힘이 아니다. 이 사람, 저 사람의 상상력이 모여 결국 하나의 작품으로 완성된 것이다. 이 세상 발명품은 모두 그런 과정을 거쳐 만들어졌다.

여기서 중요한 것은 많은 아이디어와 상상이 하나의 집약된 작품이 되기 위해서는 단순화 작업, '추상'의 노력이 필요하다는 점이다.

'추상'이란 복잡한 감각적 경험이나 형상을 단순화시키는 것인데, 가장 쉽게 보이는 예가 회사의 로고나 심벌마크이다. 컴퓨터를 켤 때 4가지 색의 사각형을 보면 우리는 이것이 윈도우프로그램이라는 것을 알 수 있다. 애플이라는 미국

컴퓨터 회사의 로고는 벌레를 먹은 것 같은 사과다. 이런 로고들은 회사나 물건을 대표하는 이미지가 된다. 그래서 사람들은 위의 로고만 봐도 '컴퓨터'나 '아이폰'을 떠올리는 것이다.

심벌마크 외에도 '추상'의 개념을 이용한 것을 꼽으라고 하면, 미술에서의 '추상화'를 들 수 있다. 추상화는 그림을 그릴 때 사물을 보이는 그대로 사실적으로 그려낸 것이 아니라 점, 선, 면, 색채를 이용해서 단순하게 표현한 그림을 말한다.

추상화를 그린 화가들은 무척 많은데, 사물을 단순화해서 특징을 잡아 표현한 대표적인 화가로 피카소를 꼽을 수 있다. 피카소는 단순하고 군더더기 없는 그림을 그려 추상화의 대가가 되었다. 추상을 잘 하기 위해서는 잘 요약하는 것이 무엇보다도 중요하다.

피카소, Pablo Ruiz Picasso

스페인에서 태어났지만, 프랑스에서 활동한 입체파 화가이다. 프랑스 미술에 영향을 받아 파리로 이주하였으며 르누아르, 툴루즈, 뭉크, 고갱, 고흐 등 거장들의 영향을 받았다. 입체주의 미술양식을 창조하였고 20세기 최고의 화가가 되었다. 전쟁의 비극과 잔학상을 독자적 스타일로 그려낸 〈게르니카〉, 아프리카 흑인 조각의 영향이 많이 나타나는 〈아비뇽의 처녀들〉, 6·25전쟁을 주제로 한 〈한국에서의 학살〉 등의 작품이 유명하다.

피카소의 대표적인 작품, 게르니카

<게르니카>는 스페인 내전이 한창 벌어지던 1937년 4월26일, 나치가 게르니카를 폭격한 사건을 담은 그림이다. 당시 바스크족의 수도인 게르니카는 나치의 폭격으로 1천 5백 명이나 되는 민간인이 희생되었다.

피카소는 전쟁으로 인해 군인이 아닌 여성과 노약자, 아이들이 죽어가는 것에 분노했다. 그래서 세로 349.3cm, 가로 776.6cm 의 대작 그림을 완성한다. 이 그림에서는 나치의 폭격이 직접적으로 보이지는 않지만, 흑백으로 표현된 컬러와 불이 난 집, 죽은 아이의 시체를 안고 절규하는 여인, 멍한 황소의 머리, 부러진 칼을 쥐고 쓰러진 병사, 광기에 울부짖는 말, 상처 입은 말, 램프를 들고 쳐다보는 여인, 여자들의 절규, 분해된 시신 등등 전쟁터에서 볼 수 있는 모습들이 추상적으로 표현되어 있다.

결국 사람들은 이 그림을 보고 전쟁의 참혹함을 깨달으며 평화의 소중함을 되새기게 되었다.

표준 올림피아드가 뭐지?

● ●

 전국 창의력 경진대회가 폭풍처럼 지나가고, 걸리보는 다시 학교생활의 재미에 빠져 들었다. 공부에 재미를 붙인 걸리보는 자신이 좋아하는 과학 반장의 역할까지 맡아서 아이들에게 여러 가지 과학 상식을 알려주곤 했다. 이때 걸리보에게 가장 많은 도움을 준 사람은 역시 민지였다.
 몇몇 반 친구들은 걸리보와 민지의 사이를 두고 쑥덕거리기도 했지만, 걸리보는 별로 개의치 않았다. 오히려 속으로는 친구들이 소문을 더 내주기를 바랐다. 그래야 다른 남자애들이 민지에게 집적거리지 않을 것이라고 생각했기 때문이다.
 과학 반장이 된 덕에 민지와 핸드폰으로 매주 주제를 정하는 것도 걸리보의 일과가 되었다.

 "이번에는 '자'의 쓰임새를 이야기해보는 것이 어떨까?"
 매주 목요일의 발표 때문에 걸리보는 화요일이나 수요일에는 꼭 민지에게 전화를 걸었다. 민지는 걸리보의 의견을 늘 진지하게 들어주었다.
 "길이를 재는 '자' 말이지? 그러고 보니 도형자도 있고, 삼각자도 있고, 종류가 참 다양하네? 자를 통해서 배울 수 있는 원리도 많을 것 같아. 잘 준비해봐, 걸리보."
 민지의 대답에 걸리보는 재미있는 아이디어를 얻었다.
 '어떤 식으로 이야기해야 아이들이 과학에 더 많은 재미를 느낄 수 있을까?'
 밤새 고민을 하던 걸리보는 새벽이 되어서야 겨우 잠들 수 있었다.

다음날 재량학습 시간에 앞으로 나온 걸리보는 손바닥을 활짝 펼쳐 보였다.

"오늘 과학 상식 시간에는 단위를 재 보려고 해요. 일단 저처럼 손바닥을 펼친 후 엄지와 중지로 한 뼘을 재어 보세요. 그리고 옆에 앉은 짝과 비교해 보세요."

친구들은 걸리보의 말 대로 각자 한 뼘 씩 벌린 후 옆자리 친구들과 너비를 쟀다. 장난꾸러기 남자친구들은 자기가 더 넓다며 그새 실랑이를 벌였다.

"예전에는 단위라는 것이 정확하지 않았어요. 그러다 보니 사람마다 재는 기준이 다 달랐어요. 한 손님이 옷감을 열 뼘 달라고 이야기를 한 후 사왔는데, 집에서 재보니 반 뼘이 모자란 거였어요. 화가 잔뜩 난 손님은 옷감가게로 가서 주인에게 따졌죠. 그런데 주인이 잰 옷감은 열 뼘이 맞았어요. 그 이유는 서로 손의 크기가 달랐기 때문이에요. 이런 불확실성을 없애기 위해 생긴 것이 바로 '자'예요. 누구나 똑같은 치수를 갖고 있다면 이런 식으로 싸울 이유가 없는 것이죠."

걸리보의 이야기에 아이들은 모두 고개를 끄덕였다.

"물론 '자'는 과학보다는 수학에 많이 쓰여요. 하지만 과학에서도 단위는 무척 중요해요. 실험을 할 때 제대로 단위를 재지 않으면 엉뚱한 실험 결과가 나오기 때문이에요."

걸리보가 발표를 마치고 자리로 들어오자 담임선생님은 아이들에게 추가로 단위에 대한 이야기를 해 주셨다.

아이들은 원자나 분자부터 광속에 대한 이야기까지 재미있는 설명을 들었다. 걸리보는 자신의 발표를 계기로 선생님이 더 재미있는 이야기를 해 주시는 것이 재미있었다. 과학은 까도 까도 계속 껍질이 나오는 양파 같다는 생각을 했다.

방과 후 자연관찰반 수업을 마친 걸리보는 선생님께 색다른 제안을 받았다.

"걸리보. 이번에는 표준 올림피아드에 나가보지 않을래?"

"표준 올림피아드요?"

"표준 올림피아드는 우리가 알고 있고, 쓰고 있는 것들을 일목요연하게 표준화시키는 대회야. 예를 들면 '단맛'이 있다면 그 단맛의 정도를 표준으로 정하는 거란다. 아주 달아서 혀가 얼얼할 정도의 단맛, 그냥 혀끝이 달콤할 정도의 단맛, 마지막으로 단맛이라고 하기엔 너무 밋밋한 단맛 이렇게 기준을 정해서 아이스크림이나 과일을 팔 때 그 표준을 사용하는 것이지."

걸리보는 자연관찰반 선생님의 말씀에 흥미가 갔다. 안 그래도 '자'라는 것을 설명하면서 단위에 대해 공부했는데, 그것 또한 '표준'에 속하는 것이라고 생각했기 때문이다.

자연관찰반 선생님은 걸리보에게 표준 올림피아드 대회 설명서를 건네주셨다. 설명서에는 올해 대회에 대한 대략의 설명과 작년에 상을 탄 팀의 기사가 들어 있었다. 전체적으로 한번 훑어본 걸리보는 집으로 돌아와 다시 찬찬히 살펴보았다. 대략의 내용은 다음과 같았다.

올림피아드 대회

올림피아드란 원래 올림피아 제전과 다음 올림피아 제전 사이 4년을 주기로 하는 고대 그리스의 역수단위(曆數單位)를 일컫는 말이다. 기원전 776년부터 역수 계산의 단위가 되었다. 오늘날은 올림픽 경기를 이르는 말로 사용되며, 근대올림픽은 1896년을 제1회 올림피아드로 하고 4년마다 수를 더한다. 이에 각종 과학, 영재, 수학 등의 대규모 대회에 올림피아드란 말을 붙였다.

일반적으로 올림피아드 대회라고 하면 수학 올림피아드, 물리 올림피아드, 화학 올림피아드, 정보 올림피아드, 생물 올림피아드, 천문 올림피아드 이렇게 6가지가 해당된다. 여기에 최근 표준 올림피아드가 더해졌다. 이 대회들은 전국 규모의 경시대회로서 현재 대한민국에서 해당 분야의 가장 권위 있는 대회이다.

제 5회 표준 올림피아드 대회 요강

　표준 올림피아드는 앞으로 공대를 지원할 생각이 있는 학생이 아니더라도 이공계를 지원하는 학생 모두에게 주목할 만한 행사이다(문과계열 경영학과 지망생 포함). 예선 주제가 비교적 쉽고 본선을 방학 때 치르기 때문에 부담도 적다.

　인터넷에서 최근 연구되고 있는 논문들을 찾아 한번 훑어보면 어떤 것이 표준화가 필요한지 알 수 있을 것이다. 다양하고 생생한 일상 속에서 참신한 아이디어를 얻는 것이 필요하다. 한국표준화협회 사이트 주요 게시물들도 참고해 보는 것이 좋다. 이미 나와 있는 것, 실용화는 안 되었지만 현재 정책적으로 추진 중인 소재를 연구 과제로 정한 후 제출하는 것은 곤란하다.

　표준화라는 개념은 기술 분야에 있어서 '측정'에 비교되는 매우 중요한 개념이며, 어떤 의미에서 보면 철학적으로 살펴볼 수 있을 만한 개념이다. 특히 표준화는 근대화 및 국가 산업발전은 물론, 세계화에 있어서도 매우 중요한 핵심 개념이다.

　이 올림피아드는 단체로 참가하는 대회여서, 학생 3명과 선생님 1명이 팀이 되어 대회를 치르게 된다.

과학 선생님이 계시면 훨씬 도움이 되지만, 초등학교 학생들의 경우 자유롭게 상상할 수 있으므로 교사가 없다고 하더라도 초등학생들에게 제시되는 제시문을 기준 삼으면 참여하기가 쉽다.

표준 올림피아드의 심사 기준은 표준화에 대한 이해, 논리성, 아이디어의 독창성, 실현가능성 등이 있는데, 이중에서 특히 아이디어의 독창성과 실현가능성이 중요하다. 왜냐하면 표준화에 대한 이해와 논리성은 올림피아드에 참가할 정도의 학생들이라면 다들 충분히 갖추고 있을 것이기 때문이다.

아이디어의 독창성에 대해서는 초·중·고교생 대상 올림피아드이므로 '실생활과 얼마나 훌륭하게 결합되어 있는가?'가 주된 측정 기준이 된다. 말하자면 주변에 늘 경험하지만 미처 발견하지 못했던 기발한 분야인가를 기준으로 삼는 것이다.

실현가능성이란 기준은, 제시된 아이디어가 어느 정도 산업화가 가능한지를 보는 것이다. 아이디어의 실제 경제적 가치가 '얼마나 큰가?'인지를 따지게 된다.

기존에 봄에 시작해서 여름에 시합을 했던 것과 달리 올해부터는 가을에 예선을 치루고 겨울방학 기간 동안 2박 3일로 본선 시합이 열린다. 그러므로 훌륭한 아이디어만 있다면 누구나 참가해 보는 것이 좋다.

예선 과제 (예선 접수 - 20XX. 10. 4. 까지)

- 초등학생부 : 제시하는 문제점을 어떻게 표준화시킬 수 있을지에 대한 아이디어와 사례
- 중학생부 : 표준화가 되어 좋은 사례 및 이로운 점
- 고등학생부 : 표준화가 되지 않아 불편한 사례 및 개선 방안

제출 서류

- 참가 신청서, 예선과제 1부, 학교장 추천서 1부
- 3명 학생이 1팀으로 구성, 해당 학교 지도교사 필요

접수 기간

- 20XX년 10월 1일 - 10월 4일 (온라인/우편물 병행 접수)
- 온라인 : www.ksa.or.kr (제6회 청소년 표준 올림피아드 클릭)
- 우편물 : 학교장 확인 후 첨부서류를 구비하여 등기 또는 택배로 접수
  (우편물 마감일 소인까지 유효)

* 예선심사 및 결과 발표 등은 인터넷 게시판 참조바람

주관 : 한국표준협회. (사) 한국기술교육단체 총 연합회
문의 : 한국표준협회(www.ksa.or.kr) 국제표준지원팀
　　　tel) 02-△△△△-○○○○

모집 요강을 다 읽은 걸리보는 벌써 팀원을 누구누구로 할지까지 떠올리고 있었다. 일단 민지와 다시 팀을 이루는 것은 두 번 생각할 필요도 없었다. 고민지와는 관찰대회와 창의력 경진대회에서 벌써 두 번이나 호흡을 맞춰왔기 때문에, 이젠 '탁'하면 '척'하고 손발이 맞는 사이가 되었기 때문이다.

'그러면 다른 한 명의 팀원을 누가 좋을까……'

걸리보는 몇몇 친구들이 머리에 떠올랐지만, 혼자서 결정하고 싶지는 않았다. 팀을 이루기 위해서는 팀원의 의견이 무척 중요하기 때문이다. 걸리보는 민지와 이 부분을 상의해 보기로 했다. 걸리보 뿐만 아니라 민지와도 성격이 잘 맞아야 올림피아드를 즐겁게 준비할 수 있을 것 같았다.

자연관찰반 선생님은 단순히 제안을 하셨을 뿐인데, 걸리보는 벌써 팀원까지 생각하고 있다. 걸리보는 관찰왕과 상상왕이 되면서 무엇이든 도전하려는 진취적인 성격의 아이가 되어 있었다. 예전 같았으면, 내가 감히 이런 큰 대회에 나가는 건 말도 안 된다며 선생님의 제안에 고개를 설레설레 흔들었을 것이다. 하지만 지금은 달랐다. 선생님이 말씀하신 것 이외에도 자기가 스스로 대회를 준비하게 된 것이다.

그 다음 걸리보가 읽어 내려가기 시작한 것은 작년에 상을 탄 작품에 대한 평가가 실린 신문기사였다.

청소년 표준 올림피아드 '톡톡 아이디어' 만발

"떡볶이 매운맛 4단계로 세분화"

"매운맛의 정도를 표준화해 매운맛 때문에 초래되는 피해를 줄였으면 한다. 매운 정도는 거의 맵지 않은 정도, 조금 매운 정도, 먹고 나서 물을 마시지 않으면 약간 따가운 정도, 너무 매워서 물을 마셔도 통증이 가라앉지 않는 정도의 네 단계로 나눈다."(XX과학고 SOF팀)

떡볶이의 매운맛 표준화는 지식경제부 기술표준원 주최로 중등부 40개 팀과 고등부 40개 팀이 참가한 가운데 지난 8월 12~14일, 3일간에 걸쳐 열린 제 4회 청소년 표준 올림피아드에서 나온 XX과학고 SOF팀의 표준화 아이디어다. 이 팀은 매운 정도를 매운맛이 첨가된 과자, 김치찌개, 떡볶이, 불닭 등으로 구체적인 품목을 제시하기도 했다.

기술표준원 관계자는 "어른들은 생각하지 못한 기발한 아이디어가 많았다"며 "현실화가 가능한 아이디어들은 앞으로 국가 표준화 추진에 참고할 예정"이라고 말했다.

기발한 아이디어들

청소년들은 자신들이 많이 사용하는 휴대전화의 문자입력 방식, 이어폰 잭, 메신저 등의 표준화에 관심이 많았다. 개인적인 경험을 토대로 불편함을 호소하고 그럴듯한 제안을 내놓은 팀도 적지 않았다. 휴대전화 문자입력 방식의 표준화에 대해서 인천외고 칼피스토팀은 "휴대전화 단말기에 문자입력 방식을 자유롭게 선택할 수 있도록 모든 문자입력 방식을 하나의 통일된 파일로 개발해 휴대전화에 설치하게 한다"는 대안을 내놓았다.

고교생들은 또 버스노선 안내도 통일, 옷 치수 세분화, 과일이나 채소의 신선도에 대한 기준 등 일상생활에서 필요한 분야에 대해서도 표준화 제안을 많이 했다.

신발 수치 세분화 아이디어를 낸 동탄고 골동품팀은 "신발에 길이만 표시돼 있고 볼 너비는 없어 볼이 넓은 사람은 너비에 맞춰서 신발을 사야한다"며 "신발을 구매할 때 최대한 오차를 줄이기 위해 길이와 볼의 너비뿐만 아니라 발바닥의 모양을 표시해 놓아야 한다"고 말했다.

또 화장실의 물 내림 레버의 표준화, 엘리베이터 버튼 배열 표준화 등을 제안한 팀들도 있었다. 이밖에도 책의 크기가 다양해서 책 정리하기가 불편하다거나, 자동차 연료 주입구를 한쪽으로 통일해야 한다거나, 탄산음료의 탄산량을 표준화해야 한다는 제안 등도 눈길을 끌었다.

모집 요강과 기사를 다 읽고 나자 걸리보는 표준 올림피아드가 무슨 대회인지 감을 잡을 수 있었다.

걸리보는 인터넷 사이트에 들어가 청소년 표준 올림피아드 대회의 신청절차도 꼼꼼하게 살펴봤다. 예선 대회는 가을이었다. 심지어 예선 대회는 직접 참여해야 하는 것이 아니라 보고서만 잘 쓰면 되었다.

걸리보는 다음 날 학교에 가서 선생님께 도와달라고 말씀을 드려야겠다고 생각했다. 뭔가 또 재미있는 일이 일어날 것만 같은 생각에 걸리보는 기분 좋은 잠에 빠져들었다.

사람들은 요약된 것을 좋아한다

• • •

다음날 걸리보는 자연관찰반 선생님께 표준 올림피아드에 도전하고 싶다고 말씀드렸다. 선생님께서는 잘 생각했다며 얼굴이 환해지셨다. 그리고 걸리보에게 함께 나가고 싶은 친구가 누구인지 물어보셨다.

"음……. 벌써 두 번을 고민지와 팀을 했기 때문에, 전 익숙한 고민지가 들어갔으면 좋겠어요. 다른 한 친구는…… 아직 생각하지 못했어요."

"그래, 걸리보. 마음에 맞는 친구들과 팀을 이루는 것이 좋으니 생각나면 알려주렴."

선생님께서는 일단 예선까지는 몇 개월의 시간이 있기 때문에 천천히 생각해도 좋다고 말씀하셨다.

방과 후 수업이 시작되자 선생님께서는 아이들을 둘러보면서 이번 시간의 주제를 이야기하셨다.

"오늘부터는 새로운 주제로 들어가 보려고 해요. 여러분들은 그동안 자연관찰을 열심히 하고, 그 안에서 다양한 상상력도 키웠을 거예요. 이제부터는 생각을 일목요연하고 간단하게 요약하는 법을 배울 거예요. 이것을 바로 추상이라고 부르지요."

선생님의 말에 아이들은 모두 열심히 귀를 기울였지만, 표정은 모두 알쏭달쏭했다. 아이들을 본 선생님은 빙그레 미소를 지으며 모니터를 통해 몇몇 개의 그림을 보여주셨다. 그리고 조금 더 구체적으로 설명을 하셨다.

"추상이라는 말이 어려운가 보군요. 그럼, 여러분 도로에 있는 표지판 알지요? 자동차들은 이 표지판의 안내를 따라 길을 가잖아요. 바로 이 표지판이 추상의 원리를 이용한 거예요.

컴퓨터 바탕화면에 있는 아이콘이나 핸드폰으로 문자를 보낼 때 사용하는 이모티콘들도 모두 다 추상화시켜서 보내는 메시지랍니다."

교실 구석에 놓인 커다란 텔레비전에는 선생님이 말씀하신 표지판과 아이콘, 재미있는 이모티콘 화면이 번갈아가며 떴다.

선생님이 화면을 바꾸자 갑자기 아이들이 '와~'하고 웃음을 터뜨렸다. 그 그림은 이런 거였다.

"어때요? 뭔가 비슷하죠? 여러분들도 이 이모티콘을 많이 사용할 거예요. 힘들어서 쓰러진 사람을 문자로 간단하게 표현했지만, 사람들은 모두 이것이 무엇을 의미하는지 알지요. 이렇게 군더더기 없이 요약해서 단순하게 요점만 전달하는 중요한 표현수단이 아이콘이에요. 지금 보여 준 것은 여러분들이 재미있어할 만한 것이지만, 실제로 우리 주변에는 이렇게 단순화한 아이콘이나 기호로 뜻을 전달해 주는 것이 많답니다."

아이들은 선생님의 말에 그제야 이해가 가는 듯 고개를 끄덕였다.

"그런데, 선생님. 왜 단순화 작업이 필요한 건가요?"

걸리보의 옆 조에 앉은 최지원이 손을 들어 질문을 했다.

"좋은 질문이에요."

선생님은 지원이의 질문을 칭찬하며 답을 해 주셨다.

"그 이유는 사람들이 복잡한 것을 좋아하지 않기 때문이에요. 많은 기계들이 점점 버튼 하나로 모든 것을 다 처리할 수 있게 만들어지는 이유이기도 하지요. 중요한 것만 남기고 다른 기능을 빼는 이유는 보다 간단한 것이 우리의 기억에 오래 남기 때문이에요."

선생님의 답변에 이번에는 걸리보와 같은 조인 형석이가 손을 들었다.

"이것저것 기능을 다 빼버리면 남는 게 없잖아요?"

"형석이도 중요한 질문을 해 주었어요. 우리가 기능을 단순하게 만들 때는 무조건 다 빼서는 안돼요. 사용할 때 가장 중요한 기능들은 쉽게 사용할 수 있도록 해야 하지요. 어떤 사물을 추상화할 때 중요한 점은 가장 중요한 핵심이 무엇인지 파악해야 한다는 점이에요."

어떠한 사물을 추상화하려면 불필요한 것들을 없앤 후 그림이나 음악, 춤, 말 등의 기호를 사용해 표현하되 '전체를 포괄하는' 핵심을 만들어 전달해야 한다.

"하지만 선생님, 핵심을 찾는 건 너무 어렵다고요."

투덜거리는 형석이의 말에 자연관찰반 아이들은 모두 동의한다는 듯이 저마다 고개를 끄덕였다.

"그래서 피카소라는 대표적인 추상화가는 '추상'에 대해 다음과 같이 말했지요. '우리는 보고 있지만 보고 있는 게 아니다. 그저 보지만 말고 생각하라. 표면적인 것 배후에 숨어 있는 놀라운 속성을 찾아라.'라고요."

여기서 속성이라는 것은 '숨어있는 속뜻'이라는 의미다. 겉으로 드러난 모습이 아니라 사물의 본질을 말한다.

선생님은 또 다른 시청각 자료를 보여주셨다.

"이 영화의 주인공들이 누군지 다들 알지요?"

"배트맨이요."

"스파이더맨이요."

"그래요. 배트맨과 스파이더맨이에요. 그런데 배트맨은 어떤 동물의 속성을 캐릭터화한 것일까요?"

"박쥐요."

아이들이 한 목소리로 답하자 선생님은 다들 알 줄 알았다며, 스파이더맨은 어떤 생물이냐고 다시 한 번 물으셨다. 이번에도 아이들은 이구동성으로 '거미'라고 답했다.

"너무들 잘 아네요. 이렇게 생물이나 사물의 속성을 뽑아서 어떤 이야기나 캐릭터를 창조하는 과정도 추상화의 한 과정이에요. 이렇게 추상화 작업은 우리 주변에서 항상 일어나는 일이랍니다."

아리송한 선생님의 설명에 걸리보는 살짝 답답했다. 머릿속에서는 안개처럼 '추상'이라는 개념이 마구 날뛰며 손에 잡힐 듯 잡히지 않았다.

걸리보가 선생님께 참지 못하고 질문을 했다.

"선생님, 그럼 '추상화'를 잘 하려면 어떻게 해야 하나요?"

"추상을 잘 하기 위해서는 '딱' 보면 '척' 알아내는 훈련을 해야 해요."

선생님은 중국 송나라의 한 이야기를 해 주셨다.

형상화와 추상화

우리가 살고 있는 현대 사회에서는 '추상화' 된 사물을 쉽게 찾아볼 수 있다. 우리가 읽는 시(詩)나 요약된 글도 일종의 추상이라고 할 수 있다. 개념이나 이론 또한 추상화 작업의 결과이다. 비슷한 현상을 모아 하나의 본질이 되는 개념이나 이론으로 만들어냈기 때문이다. 사물의 형상화가 상상력을 키워준다면 추상화는 사물의 가장 중요한 것을 꿰뚫어 보는 안목을 키워준다.

추상을 할 때 중요한 것은 남들이 보지 못한 독창성을 가져야 한다는 점이다. 남이 못 보고 지나친 것을 봐야 하고 그것을 잘 요약해야 한다. 추상화 작업은 예술이나 창작에서 많이 이루어지는데, 이들 분야는 관찰하고 형상화를 아무리 잘한다고 해도 남들과 똑같은 추상을 한다면 독창성이 떨어져 별다른 가치가 없다.

독에 빠진 아이를 꺼내는 법

 중국 송나라 때 있었던 일이다. 어른들이 모두 일터에 나간 사이 동네 아이들이 물이 가득 찬 큰 독에 올라가 놀고 있었다. 그러던 중 한 아이가 실수로 그만 그 독에 빠지고 말았다. 함께 놀던 아이들은 어쩔 줄 몰라 하며 주변에 대고 소리치기만 했다.

 "사람 살려요. 아이가 독에 빠졌어요."

 하지만 마을 어른들은 모두 일터에 나갔기 때문에 도움을 받을 길이 없었다. 아이들은 독에 빠진 아이를 구할 방법이 없다고 생각하며 발만 동동 굴렀다.

 그런데 이것을 멀리서 지켜보던 한 아이가 친구들 앞으로 불쑥 나서더니 큰 돌을 집어 독을 힘차게 내리쳤다. 그러자 독이 깨지면서 물이 콸콸 쏟아지고 아이도 함께 밖으로 빠져나올 수 있었다.

"자, 여러분. 이 아이는 문제의 해답을 어디서 구했을까요?"

선생님의 질문에 답한 사람은 역시나 걸리보였다.

"물을 버려서 빠진 아이를 구해야 한다는 복잡한 생각에서 벗어나 '독을 깬다'는 간단한 생각을 했기 때문이에요."

"역시 걸리보구나. 맞아요. 이 소년이 중국 송나라 시대의 유명한 학자인 사마

광(司馬光)이랍니다. 이렇듯 사물의 본질을 간단명료하게 바라볼 수 있는 눈을 갖게 된다면 문제에 대한 해답과 해결책을 더 빨리 찾을 수 있답니다."

"그렇다면 추상이란 사물의 본질을 파악해 간단하게 표현하는 것이군요."

걸리보에 질세라 최지원이 이야기를 받았다.

"맞아요. 그래서 선생님이 여러분에게 간단하게 요약하는 법을 알려주려고 하는 거예요."

어떤 사물을 간단명료하게 요약하기 위해서는 가장 필요하고 중요한 것 한 가지만 남기고 나머지는 생략하고 빼버려야 한다.

수업이 끝나고 선생님은 아이들에게 프린트를 한 장씩 나눠주셨다.

"이건 여러분이 사물의 특징을 몸짓으로 요약하는 법을 연습해보자는 의미에서 주는 프린트물이에요. 숙제는 아니지만 모두 한번 생각해 보세요. 몸짓으로 표현하는 것은 글로 써야하는 게 아니니까 다음 시간에 몇 명 발표해 볼까요?"

숙제가 아니라면서 은근슬쩍 다음 시간의 발표에 대해 이야기하시는 선생님 말에 아이들은 모두 '에에~~'거리며서 투덜거렸다. 하지만 문제를 읽는 아이들은 벌써부터 얼굴 표정을 바꿔가며 자신도 모르게 선생님이 내준 숙제에 빠져들고 있었다.

몸짓으로 표현하기

1. 학교를 마치고 집에 늦게 가거나 말하지 않고 친구 집에 놀러 갔을 때 어머니께서는 걱정을 하십니다. 걱정하시는 어머니의 모습을 몸짓으로 표현해 보세요.

2. 걱정하는 마음을 몸짓으로 표현하려면 어떻게 하면 될까요? 신체의 각 부분마다 자세하게 묘사해 보세요. 특히, 얼굴은 더욱 상세하게 나타내야겠죠?

황금비율의 비밀을 파헤치다

· · · ·

선생님께서 걸리보에게 표준 올림피아드에 대해 이야기를 하신지도 한 달 남짓이 지나갔다. 그동안 걸리보는 민지 외에 함께 조를 짤 친구를 조심스레 꼽아보고 있었다.

다른 친구들이 속상해하지 않았으면 좋겠다는 마음에 걸리보는 쉽게 결정내리지 못하고 있었다. 결국 걸리보는 방과 후에 자연관찰반 선생님을 찾아 갔다.

"선생님, 어떤 친구랑 팀을 이루는 것이 좋을지 잘 모르겠어요. 한 친구를 택하면 다른 친구들이 서운해 할 것 같아서 말이에요."

걸리보의 고민을 들은 선생님은 이해가 간다며 고개를 끄덕였다.

"그렇다면 걸리보는 표준 올림피아드에서 어떤 역할을 할 수 있니?"

"저는 상상하는 것을 잘하니까, 엉뚱한 부분에 대해서 아이디어를 내는 것을 잘할 것 같아요. 그리고 민지는 책을 많이 읽었으니 그것에 대해 이론적인 뒷받침을 해줄 것 같고요."

"그럼, 거기에 어떤 친구가 함께 하면 좋은 팀이 될까?"

"음……. 표준 올림피아드이니까 실험을 잘 하면서 꼼꼼한 친구가 있으면 환상의 팀이 될 것 같아요."

"자연관찰반에 그런 친구가 누구일 것 같니?"

"글쎄요, 아마도 실험을 잘하고 꼼꼼한 친구는 최지원인 것 같아요."

"걸리보, 지원이랑은 친하니?"

선생님 질문에 걸리보는 잠깐 생각을 해 보았다. 지원이와는 초등학교 2학년 때 같은 반이었지만, 아주 친하지는 않았다. 걸리보가 대답을 망설이자 선생님이 다시 조언을 해 주셨다.

"그렇다면 이번 기회에 친해져 보는 것은 어떨까? 같은 조를 짜서 함께 아이디어를 모으다 보면 지원이랑도 친해질 것 같은데."

선생님의 조언 덕분에 걸리보는 나머지 친구 한 명을 결정할 수 있었다.

"네, 선생님. 지원이에게 이야기해 볼게요."

걸리보의 제안에 지원이는 처음에는 놀란 듯했다. 많이 친하지 않은 자신에게 이런 제의가 들어오리라고는 생각하지 않은 듯 했다. 하지만 지원이는 곧 고개를 끄덕였다. 내심 지원이도 올림피아드 대회에 나가고 싶었던 것이다.

드디어 팀이 꾸려지자 자연관찰반 선생님은 여름방학이 끝나고 난 후부터 매주 토요일에 올림피아드팀 모임을 갖자고 제안하셨다.

"대신 여름방학 동안 각자 다양한 책을 읽고 와야 해. 다양한 아이디어를 만들어내기 위해서는 책을 많이 읽어서 다방면의 지식을 쌓는 것이 중요하단다."

걸리보와 민지, 지원이는 모두 고개를 끄덕였다.

여름방학이 끝나고 첫 모임 자리. 걸리보는 그새 지원이와 많이 친해져 있었다. 알고 보니 최지원은 걸리보 못지않게 장난꾸러기에다 엉뚱한 친구였다.

"방학은 잘 지냈니?"

"네, 선생님."

물론 걸리보는 방학 동안 올림피아드를 이유로 민지와 함께 도서관도 몇 번

갔었다.

"선생님, 그 전에 우리 팀 이름을 정해요."

걸리보의 제안에 민지와 지원이도 좋겠다며 고개를 끄덕였다.

"좋아요. 그럼 여러분이 함께 지어 보세요. 이렇게 팀 이름을 짓는 것이나 작품의 제목을 정하는 것도 추상화 작업이에요. 첫 수업으로 딱 좋겠네요."

"팀의 성격과 목적을 단순무식하고 간단하게 표현하면 되겠군요."

지원이의 엉뚱한 말에 걸리보는 아이디어가 떠올랐다.

"바로 그거야! 우리 팀 이름을 단순무식팀이라고 하면 어때?"

"난 싫어. 왜 우리가 단순무식이어야 해?"

민지는 걸리보의 제안이 탐탁지 않은 것 같았다.

"요약이라는 것은 단순해야 하잖아. 그리고 우리가 올림피아드에서 입상을 하려면, 이것저것 따지는 것이 아니라 무식하게 하나의 아이디어를 잡고 가야 한다고. 그러니 팀 이름으로 단순무식이 딱! 이지 않아?"

걸리보의 설명에 민지는 고개를 끄덕이긴 했지만 별로 마음에 드는 것 같지는 않았다. 민지는 조금 생각을 하는 듯 하더니 단순무식팀의 이름을 조금 더 재미있게 바꾸자는 제안을 했다.

"그럼, '단무지'는 어때? 단순무식하게 안다는 뜻도 있고, 김밥에서 단무지는 반드시 들어가야 하는 거잖아. 그만큼 중요한 팀이라는 의미도 있으니까."

"우와. 고민지. 너 정말 아이디어 좋구나. 지원아, 너도 '단무지' 라는 팀 이름이 마음에 들지?"

"응, 좋아."

걸리보는 민지의 이야기에 감탄을 했다. 선생님 또한 아이들이 의견을 모아가는 과정을 보면서 재미있어 하셨다. 그러면서 표준 올림피아드 대회에 나갈 때 반드시 알아두고 있어야 할 개념들을 설명해 주셨다.

요리에도 순서가 있듯이 추상화의 과정에도 순서가 있다. 사물을 잘 관찰하면 우리의 뇌에는 인상이 남는다. 그 인상이 우리 마음에 상상을 불러일으킨다. 상상은 머릿속에서 형상화되는데, 이것을 정리하는 단계가 필요하다. 불필요한 것을 제거하고 대표적인 특징만 남기는 것을 추상이라고 한다.

추상은 생략을 반복하는 것이다. 아이콘이나 이모티콘이 추상화된 것이듯 그림을 그릴 때 사람의 인체나 사물의 특징을 잡아내는 캐리커처 또한 추상화의 일종으로 볼 수 있다.

"추상화에 대해 이야기를 할 때 우리는 '황금비율'을 빼놓을 수 없단다. '황금비율'이 뭔지 아는 사람?"

"저요!"

"민지가 한번 이야기해 보렴!"

"황금비율이란 가로 세로 비율이 눈에 가장 편안하게 들어오는 사이즈예요. 교실의 문이나 앞에 놓인 칠판도 가로 세로 비율이 1 대 1.6 어쩌구 하던데……."

"맞아요. 황금비율은 가로와 세로의 비율이 1 : 1.618인 것을 말해요. 예를 들어 가로가 1m면, 세로가 1.618m고, 가로가 10m면, 세로가 16.18m라는 것이죠. 가장 안정적이고 편안해 보이는 형태라서 많은 사람들이 가장 마음에 들어하는 비율의 직사각형이지요. 정사각형은 정확하게 보이긴 하지만 곧 싫증을 느끼기 때문에 사람들은 알게 모르게 황금비율을 선호해요. 여러분이 흔히 보는 자동차나 건물도 자세히 보면 이 비율로 만들어져 있는 것을 알 수 있어요."

사물 뿐 아니라 생명이 가득 찬 자연에서도 우리는 어렵지 않게 황금비율을 찾아볼 수 있다. 팔의 길이를 어깨 폭으로 나눌 경우, 사람 키를 발끝에서 배꼽까지의 높이로 나눌 경우, 또한 잘 생겼다고 하는 얼굴을 분석해 보면, 코끝에서 두 눈동자를 좌우로 연결한 선까지의 수직높이를 입술 정중앙에서 코끝까지 길이로 나누면 황금비율이 되고, 또한 두 눈동자 좌우를 연결한 선부터 턱 끝까지 수직높이를 역시 코끝에서 두 눈동자를 좌우로 연결한 선까지의 수직높이로 나눠도 황금비율이 된다.

자연을 자세히 관찰하면 소라껍질, 꿀벌, 나뭇가지의 개수 등에서도 황금비율을 찾아볼 수 있다. 소라껍질이 말려 올라간 나선구조의 비율도 자세히 보면 황금비율이다. 피아노 건반은 흰색 건반 8개와 검은색 건반 5개로 기본 13옥타브로 구성돼 있다. 또한 검은색 건반은 2개, 3개가 각각 나란히 붙어 있어 2, 3, 5, 8, 13 등 피보나치수열을 이루고 있음을 알 수 있다.

이것을 보면 미술이나 음악은 과학이나 수학과도 통한다고 볼 수 있다.

이야기를 마친 선생님은 알 수 없는 수학공식을 칠판에 써내려가셨다.

$$F(n) = F(n-1) + F(n-2)$$

캐리커처

사건의 양상이나 인간의 자태 등을 그 특징을 잡아 익살스럽게 표현한 그림이나 문장을 말하며, 어원은 '과장된 것, 왜곡된 것' 등의 뜻을 지닌 이탈리아어 'caricatura'에서 나왔다. 풍자화·희화·만화 등도 캐리커처의 일종이다.

"이것이 피보나치수열을 나타내는 공식이에요. 그림이나 도형을 수치로 나타낼 수 있는 것처럼 특징을 간단하게 요약하고 잡아냈다는 의미로 수학공식도 추상화의 일종이라고 볼 수 있지요."

선생님은 말씀과 함께 슬라이드로 고사리의 어린 싹이며 태풍의 눈, 은하계, 소금쟁이의 흔적 등을 보여주셨다. 그리곤 이 모두의 공통점은 나선형이란 것을 가르쳐주셨다. 기하학적인 무늬가 만들어내는 그림이 아름답기도 하지만 그 속에는 위대한 피보나치수열이 들어 있었다. 그리고 황금비율의 비밀도 숨어 있었다. 특히 우리 인체는 그 자체가 황금비율을 이루고 있다고 볼 수 있다.

자연은 인간이 살아가는 환경에 영향을 준다. 인간은 자연의 조형을 흉내내면서 스스로의 세계를 구축해 왔다. 단, 복잡한 자연 현상을 그대로 흉내내는 것이 아니라 자신의 필요에 맞게 사물의 특징을 찾아 정리하고 또 정리하면서 가장 중요한 한 가지만 남겼다. 이 과정이 바로 '추상화의 과정'인 것이다.

어떤 것을 상상하거나 중요한 것을 발견할 때 처음에는 간단하게 출발하지만 나중에는 생각이 점점 커져감을 알 수 있다. 이때 불필요한 부분을 도려내 가면서 중대하고 놀라운 본질을 드러내게 하는 과정 또한 추상화 과정이라고 한다.

피보나치수열과 꽃잎

백합과 붓꽃의 꽃잎은 3장이고, 채송화는 5장, 모란과 코스모스는 8장이다. 꽃잎이 많은 꽃들도 있어 금잔화는 13장, 치커리는 21장, 질경이와 데이지는 34장의 꽃잎이 달려 있다.

이런 꽃잎의 갯수인 3, 5, 8, 13, 21, 34라는 수를 잘 살펴보면 다음과 같은 규칙성을 발견할 수 있다. 3+5=8, 5+8=13 하는 식으로 앞의 두 숫자를 더하면 바로 다음에 오는 수가 된다. 이런 규칙을 가진 수의 배열을 '피보나치수열'이라고 한다. 12세기 이탈리아 수학자 '레오나르도 피보나치(Leonardo Fibonacci)'의 이름을 딴 것이다.

사람이 보기에 편안하고 아름답다고 느끼는 자연의 모습이나 작품에는 이처럼 수학적 원리가 숨어 있다. 오늘날 첨단 과학기술에도 피보나치수열이 발견되고 응용되는 경우가 많다. 심지어는 암세포가 피보나치수열을 따라 증식한다는 연구결과도 발표되었다고 하니 앞으로 인류가 풀지 못하는 많은 문제를 풀어내기 위해 수학적 원리가 다양하게 적용되어야 할 것이다.

붓꽃 　　　　채송화 　　　　코스모스 　　　　데이지

인체와 황금비율

미국 캘리포니아의 성형외과 의사인 스티븐 마쿼트(Stephen Marquardt) 박사는 인류 역사를 통틀어 그리고 문명과 인종에 관계없이 가장 아름다운 얼굴은 황금비율을 따른다고 주장한다. 아름다운 미소를 짓는 것으로 평가되는 모델의 경우, 앞 윗니 두 개의 너비를 합치면 각 치아 높이의 1.618 배라는 사실이 밝혀졌다. 입술에서 콧방울까지, 코에서 눈까지, 얼굴 길이와 너비 등등 아름다운 얼굴에서는 수없이 많은 황금비율이 확인된다. 이런 원리는 오늘날의 슈퍼모델 뿐 아니라 고대 이집트의 왕비였던 네페르티티의 얼굴에도 적용되었다.

플라톤은 '황금비율(golden ratio)은 자연의 모양을 아름답게 하는 것 중에서 가장 완전한 것이다' 라고 말했고 '큰 것과 작은 것의 완벽한 조화, 신의 축복을 받은 분할의 비' 라고 말했다. 황금비율은 특히 이집트의 왕의 무덤(피라미드)에서 발견되고 있는데 왕의 방의 가로 세로의 비가 바로 황금비율과 같고 여러 건축 구성비율이 황금비율을 반영하고 있다. 현재는 건축은 물론 책이나 주식시장에서의 시세의 상승 하강의 주기에 대한 비율을 체크할 때도 황금비율을 응용한다.

황금비율에 따라 지어진 그리스의 파르테논 신전

덜어내고
뼈대만 남기는 것이

추상의 기본

걸리보, 민지에게
데이트 신청을 하다

걸리보가 민지를 좋아한지도 벌써 일년이 넘었다. 매주 같은 자연관찰반에서 수업을 받고, 여러 대회에도 함께 나갔지만 이상하게 민지와의 사이는 늘 보이지 않는 벽이 있는 것처럼 좀처럼 깊게 친해지지 못했다.

남자 친구들과는 한두 번만 만나도 '이 녀석, 저 녀석'하며 친해지는 걸리보인데 민지와의 관계는 늘 어렵기만 했다.

"고민지, 이번 일요일에 시간 되니? 자연 속의 추상을 관찰하고 메모를 하려는데, 같이 준비하지 않을래?"

여름방학이 끝났지만 아직 녹음이 우거진 9월이었다. 걸리보는 민지와 친해질 만한 계기를 만들고 싶었다. 다행히 민지는 걸리보의 속마음을 아는지 모르는지 걸리보가 제안하는 것에 별다른 의심 없이 흔쾌히 따랐다. 방학 때 도서관을 함께 간 것도 그래서인듯 싶었다.

"음……. 일요일은 오후에나 시간이 되는 걸. 오전에는 가족들이 모두 대청소를 하거든."

"그럼, 점심 먹고 1시 정도는 어때? 나무들이 낙엽 지기 전에 뒷산의 나무들이나 잎사귀들을 살펴 공통점을 찾아보는 것도 좋을 것 같아."

짐짓 진지하게 이야기하는 걸리보에게 민지는 스스럼없이 고개를 끄덕였다.

"알았어. 나무들의 표준을 구해보자는 말이구나. 나도 재미있을 것 같아. 그럼 내일 점심에 뒷산에서 보자."

민지와 데이트 약속을 잡은 걸리보는 신이 났다. 사실 나뭇잎의 표준 따위는 지금 별 상관이 없었다. 벌써 두어 달 동안 표준에 대해서는 자연관찰반 선생님께 열심히 배웠기 때문이다.

집으로 돌아온 걸리보는 아빠의 서재에서 커다란 식물도감 책을 꺼내 펼쳤다. 그리곤 동네에 있을 만한 나무들을 하나하나 살펴보며 외우기 시작했다. 민지에게 나무의 표준을 구하자고 말해놓고 정작 나무 이름도 모르면 너무 창피할 것이기 때문이다.

일요일 오후, 뒷산 입구에서 만난 걸리보와 민지는 산책로를 따라 산으로 들어갔다.

덜어내고 뼈대만 남기는 것이 추상의 기본

걸리보의 동네는 서울 근교이지만 개발이 덜 되어 뒷산이라고 해도 제법 산이 깊었다. 일요일이어선지 걸리보와 민지 외에도 산을 오르는 사람들이 많았다. 산책로에서는 나무도 풀도 편하게 관찰하기 힘들었다.

"민지야. 아무래도 관찰을 깊이있게 하려면 산책로가 아니라 다른 길로 가야 할 것 같아."

"산책로가 아닌 곳으로 가면 길을 잃지 않을까?"

걸리보의 말에 민지는 걱정스러운 듯이 대답했다.

"걱정 마. 나를 믿어 보라고. 여기가 지름길이야."

어느새 걸리보는 산책로를 벗어나고 있었다. 민지는 그런 걸리보를 머뭇머뭇 따라왔다.

"이 길이 정상으로 가는 가장 빠른 길이야."

"응, 그래."

민지는 걸리보의 엉뚱함이 재미있기도 했지만, 가끔은 좌충우돌 어디로 튈지 몰라 불안하기도 했었다. 지금 가고 있는 이 길도 걸리보가 과연 제대로 알고 있는지 궁금했다. 하지만 너무나 자신 있게 발걸음을 내딛는 걸리보에게 의심하는 말을 했다간 풀이 죽을 것 같아 일단 따라가 보기로 했다.

"그런데, 걸리보. 너는 어제 선생님께서 말씀하신 추상이란 개념이 잘 이해가 되니?"

"음……. 다는 아니지만 조금은?"

"나는 관찰이나 상상 같은 것은 이해가 잘 됐었는데, 추상이란 말은 아직도 개념이 잘 안 잡혀. '추상'이라고 그러면 자꾸 추상화 그림만 생각이 나는 거 있지. 우리가 흔히 추상화라고 하면 알 수 없고 난해한 그런 그림을 말하는 거잖아."

걸리보는 민지의 고민이 이해가 되었다. 자신도 똑같은 고민을 했었기 때문이다.

"나도 그렇게 알고 있었는데 표준 올림피아드 때문에 책을 뒤적거리다 보니 '추상'이라는 개념이 무엇인지 조금 알 것도 같아. 추상적으로 표현한 그림을 '추상화'라고 하는데, 이것저것 다 생략하고 작가가 표현하고 싶은 것 딱 한 가지만 남기고 다른 것은 다 생략해버린 그림을 말하는 것이더라고. '추상'이란, 추가 설명을 듣지 않으면 전혀 이해가 안 되는 것이라고도 할 수 있어. 왜 말에도 그런 게 있잖아."

"말이라니?"

"우리가 흔히 말하는 속담, 수수께끼 같은 것도 단순 요약한 거잖아."

걸리보의 말에 민지는 고개를 끄덕였다.

"민지야, 네가 좋아하는 속담은 뭐야?"

"음……. 나는 '발 없는 말이 천리 간다'라는 속담이 제일 먼저 생각나."

"그건 실제로 발 없는 말을 이야기하는 것이 아니라, 우리가 말하는 '말'을 타는 '말'과 연관지어 이런 속담이 나온 거잖아. '발 없는 말'이라는 것은 소문을 추상화시킨 거야."

아름다운 시, 좋은 노래, 그리고 격언이나 표어도 추상의 결과물이라고 볼 수 있다. 어떤 사건 혹은 이야기를 축약해서 몸짓으로 표현하면 무용이 되고, 악보로 옮기면 노래가 된다. 이 또한 추상의 일종이다. 그리고 우리가 보는 신문이나 잡지의 헤드라인 또한 추상의 한 종류로 볼 수 있다. 많은 내용을 한 마디로 축약해서 표현했기 때문이다.

민지와 이야기를 하면서 산을 오르는데, '입산금지'라는 푯말이 보였다. 걸리보는 이것 또한 '산에 들어가지 마시오'라는 말이 추상화된 것이라고 생각했다. '추상'에 대해서 생각을 하다 보니, 생각도 그런 쪽으로만 자꾸 떠올랐다. 그러고 보니 '추상'이란 줄일 것은 줄이되 반대로 강조할 것은 더욱 강조한다는 법칙이 있는 듯 했다.

산책로가 아닌 길로 산을 오르다보니 길이 점점 더 험해졌다. 발이 푹푹 빠지는데도 민지는 다른 여자아이들과 달리 무서워하거나 싫은 소리 하나 없이 걸리보를 따라왔다. 걸리보는 그런 민지가 무척이나 고마웠다.

올라가다보니 나무가 듬성해지며 맞은편 경치가 눈에 들어왔다. 멀리 보이는 곳에 높은 절벽이 있었다. 그런데, 언뜻 보니 마치 사람 동상처럼 보였다.

"민지야, 저 절벽을 좀 봐봐. 사람 모양 같지 않니?"

"아, 생각났다! 밀로의 비너스야."

"밀로의 비너스?"

"응, 그리스의 유명한 조각상 말이야."

민지의 말에 걸리보는 고개를 끄덕이긴 했지만, 구체적으로 어떤 부분이 어떻게 조각상을 닮았는지는 잘 모르고 있었다. 그래서 민지에게 좀더 자세히 설명해달라고 부탁했다.

"저기 저 하늘로 높게 솟은 봉우리와 그 위의 작은 바위를 머리라고 생각하고, 절벽 위로 흐르는 암벽을 치마라고 생각해봐. 그러면 옷을 허리에 걸친 여성의 모습이 상상되잖아."

민지의 설명대로 절벽을 보니 과연 그런 것 같기도 했다. 상상은 자신의 생각대로 관찰하면서 이미지가 저장되는 것이다. 그렇기 때문에 상상을 할 때도 추상이 필요하다.

"음…… 그런데 걸리보, 관찰을 하다보니 저 절벽의 비너스상도 황금비율인 것 같아."

"민지 네 이야기를 듣고 다시 보니 그런 것도 같아. 근데 민지 너는 밀로의 비너스 상을 직접 봤잖아. 너의 눈이 기억하고 있는 이미지가 있기 때문에 더 그렇게 보일 거야. 그렇지 않니?"

걸리보의 말에 민지는 동의를 하듯 고개를 끄덕였다. 이야기를 하면서 걸리보와 민지는 더욱 깊은 곳으로 걸어 들어갔다. 하지만, 앞으로 산 깊은 곳에서 어떤 일이 벌어질지는 걸리보도 민지도 전혀 상상하지 못하고 있었다.

추상도사를 만나다

산으로 올라가는 길이 점점 가파라졌다. 그리고 인적이 드물어지면서 주변도 점점 어두워졌다. 처음에는 산속이라 그러려니 했는데, 점점 더 조용해지면 새 소리만 가득했다. 오후에 출발해선지 생각보다 해가 빨리 지고 있었다. 시간상으로 보면 한낮인데, 산속 깊이 들어오니 금세 어두워지는 것 같았다.

하지만 걸리보는 민지 앞에서는 무서워하는 표정을 지을 수 없었다.

자신 있게 앞장서기도 한데다가, 자신을 믿고 따라오는 민지에게 약한 모습을 보였다간 남자 체면이 말이 아니었기 때문이다.

걸리보는 방향을 다시 산 아래로 잡았다. 산에서 길을 잃으면 일단 아래로 내려가라는 말이 떠올랐기 때문이다. 골짜기의 작은 시냇물을 건너자 이번에 찬바람마저 '쏴~'하고 스치고 지나갔다. 그러고 보니 9월이었다. 낮에는 덥지만, 해가 지기 시작하자 여간 쌀쌀한 것이 아니었다. 그 찬바람에 걸리보의 팔목에선 소름이 확 돋았다.

걸리보는 애써 두려운 모습을 보이지 않으려고 심호흡을 크게 했다. 그리고 침을 꿀꺽 삼키고는 두 눈을 더 크게 뜨고 주위를 살폈다. 그러는 한편 귀를 쫑긋 세워 특별한 소리가 들리지는 않는지 온 신경을 집중했다.

그런데 갑자기 10여 미터 앞에서 '껄껄'하는 노인의 웃음소리가 들렸다. 어두운데서 들려오는 노인의 웃음소리는 괴기스럽기까지 했다.

"누, 누구세요?"

"인석아! 누구긴 누구야. 추상도사님이시지."

"추상도사라구요?"

차림새가 보통 노인과는 달라보이긴 했다. 치렁치렁한 하얀 수염에 어딘지 모르게 도복같은 것을 입고 지팡이를 든 모습의 추상도사를 보니 걸리보는 겁이 났지만, 한편으로는 집에 돌아갈 수 있는 길을 물어볼 수 있다는 생각에 조금 마음이 놓였다.

"그래, 나는 추상도사다. 그런데 너희는 누구냐. '입산금지'라는 푯말을 못 본 게냐? 여기는 너희 같은 어린아이들이 들어오는 곳이 아니야."

"저희는 집으로 돌아가려고 하는데, 아무래도 길을 잃은 것 같아요."

걸리보는 말을 하면서 조금 창피했다. 집 뒤의 산에서 길을 잃은 것처럼 창피한 일이 있을까? 하지만 솔직히 말을 하는 것이 중요하다고 생각했다. 안 그러면 민지와 밤새 산을 헤매야할지도 몰랐다.

"이런~, 그렇구나. 하지만 여기서는 돌아가는 방법이 없다. 여긴 지하 세계로 들어가는 '얼음골'이야. 나는 이 지하 세계 입구에서 사람들을 못가도록 막는 수문장 역할을 하고 있지."

"되돌아 갈 수도 없나요?"

"너희들이 '입산금지' 푯말을 넘어오면서부터 이미 길을 되돌아가기엔 늦었어. 이곳은 아무나 들어올 수 있는 곳이 아니거든. 그런데 희한하군. 어떻게 너희 같은 어린 아이들이 이곳에 들어올 수 있는 거지?"

추상도사의 질문에 걸리보는 울 것 같은 얼굴이 되었다.

"그것을 알면 저희가 여기까지 왔겠어요?"

"그도 그렇군."

걸리보의 답에 추상도사가 동의를 했다.

"여긴 지하 세계에서 올라오는 찬 공기가 스며나오는 아주 특별한 공간이지. 그래서 한 여름에도 얼음이 언단다. 너희들이 느낀 차가운 바람은 지하에서 불어 나오는 거야. 물론 더 깊이 내려가면 뜨거운 마그마도 있지만 그 중간에 태양의 세계와 반대되는 차가운 지하 세계가 존재하지."

걸리보는 추상도사의 이야기를 들으며 말도 안 된다는 표정을 지었다. 그리고 민지를 쳐다보았다. 자신과 같이 말도 안된다고 생각할 줄 알았던 민지는 의외로 뭔가 알았다는 표정을 짓고 있었다.

"민지야, 넌 뭔지 알고 있어?"

"예전에 책에서 지하 세계로 사라진 종족에 대한 이야기를 읽었어. 그런데 그들이 정말 땅속으로 사라진 것인지, 아니면 몰살을 당한 것인지에 대한 자료는 찾을 수가 없대."

"지하 세계로 내려간 이유는 뭔데?"

"신체의 유전자에 이상이 생겨서 햇빛을 받으면 빠른 시간에 암이 생기는 현상이 나타났대. 그래서 동굴에 숨어 살다가 점점 더 깊은 지하 세계로 내려갔대."

"에이! 설마."

"쥘 베른의 ≪지구 속 여행≫이란 책에 보면 그런 이야기가 나와."

"잘 아는구나. 그런데 소설이 아닌 실제로 지하 세계에 다녀온 사람이 있는 것은 알고 있니?"

추상도사의 질문에 이번에는 민지도 고개를 갸웃거렸다.

1800년대 노르웨이의 한 어부는 북극해를 탐험하다가 우연히 지구 내부로 통하는 구멍을 발견하게 되었다. 그는 자신의 아버지와 함께 1829년 8월부터 1831년 초까지 약 2년 반 동안 지구 속 문명 세계에서 살았다. 그런 후 지구 밖으로 다시 탈출했는데, 이 과정에서 아버지는 사망하고 자신만 살아 돌아올 수 있었다.

그 후 그가 기록한 지하 세계에서의 생활담과 그림들은 미국 캘리포니아의 한 이웃사람에 의해 ≪지구 속 문명≫이라는 제목으로 출판되었다. 이 책에 나온 지하 세계의 모습은 다음과 같이 요약된다.

쥘 베른의 ≪지구 속 여행≫

쥘 베른(Jules Verne)은 19세기 프랑스의 소설가로 근대 SF(공상과학소설)의 선구자다. 대표작으로는 ≪해저 2만 마일≫, ≪80일간의 세계 일주≫, ≪15소년 표류기≫ 등이 있다. 19세기 후반에 과학이 크게 발달함에 따라, 자연과학의 지식을 이용한 소설들이 많이 나왔는데 쥘 베른은 그러한 지식에다 풍부한 공상을 더해 인간 지력(知力)의 한계를 탐구하고 인류문화의 미래를 예언했다. 그의 꿈은 원자력 잠수함과 달세계여행 등으로 뚜렷이 실현되고 있다.

≪지구 속 여행≫은 화산과 분화구, 중생대 석탄층, 화강암의 단단한 뼈대 위로 지나는 대서양 밑바닥, 바다뱀과 고대 여룡의 증거 등 다채로운 지질학적 지식을 바탕으로 지질 시대의 수수께끼를 풀어낸 소설이다.

이 책의 내용은 괴짜 광물학자 리덴브로크가 어느 고서점에서 아이슬란드의 연금술사가 남긴 16세기 고문서를 해독하다가 책갈피 사이에서 이상한 쪽지를 발견하는 것으로 시작된다. 그 집에서 조수로 일하는 소심한 청년 악셀은 그 양피지 쪽지를 들고 이리저리 흔들어보다가 우연히 라틴어 단어체계의 규칙성을 발견하고 얼결에 암호를 해독하게 된다. 아이슬란드의 사화산 분화구를 통해 리덴부르크 교수와 조수 악셀은 지하 세계로 탐험을 떠나게 된다.

《지구 속 문명》 요약

- **지하 세계의 지표** : 약 3/4은 육지, 약 1/4은 물. 큰 대양과 많은 강, 호수가 있음.
- **지구 내부의 태양** : 지구 내부의 하늘 한가운데에 '연기의 신(The Smoky God)'이라 불리는 내부 태양이 동쪽에서 떠올라 서쪽으로 진다.
- **평균 수명** : 600~800세
- **평균 신장** : 3m 이상의 거인족
- **교통수단** : 수평이동은 물론 수직상승, 하강 등이 자유자재로 가능한 자기부상 열차와 목적지로 신속히 이동하는 바퀴 없는 도로를 이용함.
- **언어** : 산스크리트어와 비슷한 언어를 사용함.
- **주산업** : 농업. 모든 동식물은 지하인처럼 엄청나게 큼. 나무 높이는 수십 내지 수백 미터이고, 포도알은 오렌지만하며 사과는 사람 머리보다 크고, 코끼리(메머드)는 키가 23~26m의 6~7층 건물높이 만하고 새알은 길이가 60㎝, 폭이 38㎝라고 함.
- **기후** : 24시간마다 한 번씩 비가 적절하게 내리는 것 외에는 기후가 일정. 대기는 고도로 충전된 전류자기장이 충만하며 이것이 동식물의 거대성장과 장수를 가능케 함.
- **사회생활** : 20세부터 30년간 학교생활(그 중 10년은 음악공부). 75~100세가 지난 후에 결혼함.
- **주택** : 외형은 동일한 형태이나 완전히 같은 것은 없음. 주요한 부분은 모두 금으로 세공.
- **과학기술** : 예술과 과학, 특히 기하학과 천문학이 상당한 수준. 지구 외부세계의 지리에 대해 정확히 이해하고 있음.

"뒤로 돌아갈 수 없다면, 저희는 이 얼음골을 들어가서 빠져 나와야 집으로 갈 수 있는 거군요."

걸리보의 질문에 추상도사는 한쪽 눈썹을 삐죽 올렸다.

"너희들이 지하 세계를 지나갈 수 있을까?"

"그거야 가보지 않고서는 모르죠."

걸리보는 입술을 삐죽 내밀었다. 그간 여러 모험을 해왔던 걸리보였기에 무섭다기 보다는 오히려 더 호기심이 일었다.

"지하 세계는 만만치 않다. 나는 입구까지만 안내해줄 뿐이야. 나머지는 너희들이 책임져야 한다."

추상도사는 걸리보와 민지를 지하 세계 입구로 데려갔다. 입구는 전형적인 석회암 동굴이었다. 그 굴을 들어가니 굴 속에 또다시 굴이 나왔다. 동굴의 규모는 겉에서 보기와 달리 상상을 초월할 만큼 대단했다. 입구는 4층 높이만큼 컸다. 그 넓은 공간에는 석회질이 응고되어 숙순, 석주, 종유석으로 자라며 기기묘묘한 형상을 하고 있었다.

종류석의 모습들이 마치 기도하는 어머니의 모습, 과일을 먹으려는 원숭이의 모습, 구불구불한 다랑논의 논두렁, 오색으로 찬란하게 빛나는 보석처럼 보였다. 상상력을 동원해 마음속에 그릴 수 있는 모습이란 모습이 다 펼쳐지고 있었다.

걸리보와 민지는 추상도사와 함께 동굴 안으로 들어가며 감탄에 감탄을 거듭했다. 한참을 들어가자 커다란 강이 나타났다.

"내가 안내할 수 있는 곳은 여기까지다. 여기서부터는 너희들이 탐험을 해야 해. 대신 내가 이 손전등을 주마. 종유석이 빛나기 때문에 지하 세계가 잘 보이긴 하겠지만, 혹시 몰라서 주는 거다."

"감사합니다, 도사님."

민지가 싹싹하게 인사를 하자 추상도사의 무서운 얼굴에도 살짝 미소가 번졌다.

"예쁘게 인사를 잘해서 내가 비밀을 하나 더 말해주지. 강을 건너가고 싶으면 강 건너편으로 손전등을 켰다 껐다 세 번을 반복하렴. 그럼 배가 올 거다. 나는 이만 가마."

추상도사는 내려왔던 길을 성큼성큼 되돌아 올라갔다. 갑자기 동굴 안에 정적이 돌았다. 민지는 추상도사가 알려준 대로 건너편에 손전등을 비췄다. 하지만 강 건너편에서는 아무런 기척이 없었다.

"뭐야, 저 할아버지. 거짓말 한 것 아냐?"

걸리보가 투덜대는데, 배 한 척이 조용히 미끄러져 들어오는 것이 아닌가. 걸리보와 민지는 서로의 얼굴을 바라보았다. 배는 대여섯 사람이 타고 갈 정도의 크기였다. 따로 운전하는 사람은 없었지만 무선으로 움직이는 것 같았다.

"타도 괜찮을까?"

막상 배가 들어오자 민지는 살짝 겁이 난 것 같았다.

"하지만 여기까지 왔잖아. 일단 타보자. 반대편 출구를 찾아야 하지 않겠어?"

사실 걸리보는 추상도사가 말하는 지하 세계를 믿지 않고 있었다. 대신 뭔가

석순과 종유석, 석주

석순은 동굴 천장에서 떨어지는 물방울에 들어 있던 석회질 물질이 동굴 바닥에 쌓여 원주형으로 위로 자란 돌출물을 말한다. 육지의 동굴들은 많은 경우 석회암 지역에 생기는데, 이는 일산화탄소를 함유한 빗물 등이 석회암을 녹여서 거대한 구멍을 내기 때문이다. 이렇게 형성된 거대한 석회동굴에서 석회암의 탄산칼슘 성분이 녹아 있는 물은 오랜 기간 동안 한 방울씩 천장에서 떨어지게 된다. 바닥에 떨어진 물이 공기와 접하면 물 속에 녹아 있던 이산화탄소가 공기 중으로 날아가게 된다. 이로 인해 물 속의 수소이온농도가 미세하게 낮아지면서 탄산칼슘이 침전되어 바닥에 쌓여 죽순모양으로 자라게 된다.

또한 일부는 천장에서부터 천천히 떨어지며 녹아있던 탄산칼슘이 쌓여 고드름 모양의 석회암인 종유석을 만든다. 물방울이 떨어지는 바닥에서도 비슷한 현상으로 탄산칼슘의 침전이 일어나 죽순이 자라듯 석순을 만드는데 오랜 기간 동안 이것이 자라면서 결국 서로 맞닿아 기둥을 형성하게 된다. 이것을 석주라고 부르는데 일단 종유석과 석순이 붙어 기둥을 이룬 후에도 물이 기둥 표면을 따라 흐르는 경우 탄산칼슘의 침전은 계속되어 단면의 모양을 동심원으로 만들면서 계속 자라게 된다.

석순과 종유석은 반드시 쌍을 이루며 성장하는 것은 아니다. 즉, 모든 종유석 아래에 종유석으로부터 떨어진 물로 생긴 석순이 성장하는 것은 아니며 또한 석순 위에 반드시 종유석이 자라는 것은 아니다. 이는 적절한 양의 물이 떨어지는 것과 적절한 속도, 그리고 동굴의 습도 등 다양한 변수에 따라 종유석 혹은 석순이 생기기도 하고 생기지 않기도 한다.

다른 비밀이 숨겨져 있는 것 같았다.

걸리보는 먼저 배에 올라 타 민지의 손을 잡아 주었다. 그리고 의자에 앉았다. 그러자 다시 조용히 배가 움직이기 시작했다.

배는 강을 따라 내려갔다. 처음에는 겁이 나서 긴장했던 걸리보와 민지는 주변으로 펼쳐지는 광경을 보면서 점점 입이 벌어졌다.

석순들이 바닥에서 솟아 오른 모습과 종유석이 내려온 모습, 그 둘이 만나 돌기둥이 되는 모습들이 정말 아름다웠다. 땅에서 솟아 자라고 천장서 뻗어 자라 맞닿아 만들어진 석주는 르네상스 고건축 기둥의 웅장함과 절묘한 무늬를 다 담고 있었다.

바늘처럼 가냘프지만 수십 미터 높이로 솟아올라 아주 작은 숨결에도 무너질 듯 아슬아슬한 석순이 있는가 하면 가위 눌릴 만큼 거대한 석순도 있었다. 아래를 지날 때면 자칫 정수리에라도 떨어질 듯 아슬아슬하게 천장에 매달려 있는 종유석이 있는가 하면 줄을 매어 그네를 뛰어도 좋을 만큼 튼튼해 보이는 종유석도 천장에 매달려 있었다.

석순과 종유석의 성장 속도는 기껏 일 년에 0.1mm 정도라고 하니 1m 정도면 이미 1만년의 세월을 자라온 것이다. 그 동굴 안에는 크기가 1m가 넘는 석순만 수백, 수천 개가 있었다. 그러니 이 굴은 1만년 동안의 역사를 종유석과 석순으로 추상화해서 보여주는 셈이었다.

신화 속에 나타난 추상

"이렇게 가니까 마치 저승의 강을 건너가는 것 같아."

민지가 소리를 죽여 말했다. 동굴이라서 조그맣게 소리를 내어도 크게 울렸기 때문이다.

"저승의 강?"

"응, 그리스 신화에 저승의 강을 건넌 사람에 대한 이야기가 나오거든."

민지는 걸리보에게 오르페우스에 대한 이야기를 해주기 시작했다.

오르페우스는 리라를 연주하는 음악가였다. 그는 아내 에우리디케와 행복하게 살고 있었다. 하지만 에우리디케는 그만 오르페우스를 남겨두고 먼저 죽고 말았다. 오르페우스는 아내를 되살리기 위해 지하 세계를 찾아갔다.

그는 지하 세계의 왕 하데스 앞에 나아가 에우리디케를 돌려 줄 것을 간절히 청했다. 그리고 그 이야기를 리라를 연주하며 노래를 불렀다. 그 소리에 지하 세계의 망령들이 몰려들었고 노래를 듣던 하데스와 페르세포네도 눈물을 흘렸다. 결국 오르페우스의 리라 연주는 하데스의 마음을 움직였고 드디어 오르페우스는 에우리디케와 만날 수 있었다.

단 하데스는 한 가지 조건을 내세웠다. 지상으로 완전히 나가기 전까지는 절대 에우리디케를 돌아보아서는 안 된다는 것이었다. 오르페우스가 앞장을 서고 에우리디케는 그의 뒤를 따라 지상으로 향했다. 한참을 가자 지하 입구를 통과해 지상으로 나갈 수 있는 곳까지 이르렀다. 그때 문득 오르페우스는 에우리디케의 발자국 소리가 들리지 않아 뒤따라오지 못하는 것은 아닐까 걱정이 되었다. 그는 지상에 발이 닿자마자 뒤를 돌아보았다. 하지만 미처 지상에 발을 올려놓지 못한 에우리디케는 어두운 지하의 동굴로 빠져 들어가고 말았다. 오르페우스는 미친 듯 다시 지하로 들어가서 다시 배를 태워 줄 것을 애원했지만 받아들여 지지 않았다. 지하의 강을 다시 건널 수 없게 된 오르페우스는 그 자리에서 하염없이 에우리디케를 그리워하다 죽고 말았다.

걸리보는 자신도 모르게 민지의 이야기에 빠져들어 있었다.

"정말 재미있는 이야기구나."

"응. 그리스 신화에는 재미있는 이야기들이 많아."

"그런데 민지야. 신화는 왜 만들어졌을까?"

걸리보의 호기심이 또 발동되었다.

"책에서 봤는데, 신화는 과학이 발달하지 않았던 고대에서 자연현상을 추상적으로 설명하는 방법이었대."

"추상적으로 설명하는 거라구?"

"응. 당시 사람들은 세상이 어떻게 돌아가는지, 자연현상이 왜 그런지 잘 알 수가 없었잖아. 사람들은 세상을 어떻게 설명하고 이해할지 고민을 많이 했는데, 그것을 일목요연하게 요약해서 설명해주기 위해 추상적인 이야기를 만든 것이 신화가 된 거야."

민지의 설명은 걸리보에게 신화에 대해 더 다양한 것을 알고 싶게 만들었다. 사실 걸리보는 과학책을 주로 읽었지, 신화는 별로 좋아하지 않았다. 어딘지 모르게 모두 거짓말 같았기 때문이다. 태양의 신이나 번개의 신이 있다는 것은 무식한 옛날 사람이나 믿는 이야기라고 생각했었다. 하지만 민지의 이야기를 들으니 그것만이 다는 아닌 것 같았다.

"자연현상이라면 예를 들어 어떤 건데?"

"사람들이 이해하고 있는 세상은 하늘과 땅과 땅속이잖아?"

"그렇지."

"그것을 그리스 신화에서는 아버지 크로노스를 처치한 제우스와 형제들이 세계를 3등분해서 나눠 가졌다고 설명을 해."

"그렇군. 좀더 구체적으로 설명을 해줄래?"

그리스 신화

그리스 민족 고유의 신화를 중심으로 여러 민족의 신화들이 섞여 발전되었다. 모든 민족의 신화와 마찬가지로 그리스 신화도 많은 초자연적 요소를 가지고 있으며, 그 내용도 매우 복잡하다. 고대 그리스인들은 신들의 이야기나 영웅전설, 그 밖의 내용이 담긴 이야기를 미토스(mythos)라고 부른다.

미토스는 '이야기'라는 뜻으로, 그 내용이 신들에 관한 것일 뿐만 아니라 사람들 사이의 이야기, 자연·문화에 걸쳐 사람들이 이야기하고 믿고 있었던 것들을 포함한다. 주변의 모든 현상을 신화 속 이야기로 만든 그리스 신화는 유럽의 또 다른 정신으로 자리잡아 왔다. 그래서 그리스 신화를 잘 읽으면 서양의 영화와 소설 등의 이야기 뼈대가 어디서부터 시작되었는지 알 수 있다.

"신들은 제비뽑기를 해서 세상을 나눠 가졌대. 제우스는 번개의 신으로 하늘을, 포세이돈은 물의 신으로 바다를, 하데스는 지하 세계를 차지하고 땅은 모두에게 공통의 영역으로 남겨두었대. 이들은 간혹 서로 갈등하고 반목했지만 끝까지 균형을 유지했어. 마치 지금 지구가 스스로 균형을 유지하듯 말이야!"

민지의 이야기를 들으니 걸리보는 얼마 전 본 영화가 떠올랐다.

"〈번개도둑〉이란 영화도 그리스 신화를 바탕으로 했더라고."

"응, 나도 봤어."

〈퍼시 잭슨과 번개도둑〉이라는 영화는 제우스의 상징이자 무기인 번개를 도둑맞으며 시작된다. 제우스는 포세이돈을 뉴욕의 엠파이어스테이트 빌딩으로 불러내 번개도둑으로 포세이돈의 아들인 퍼시 잭슨을 지목하며, 번개를 되돌려 놓지 않으면 반역으로 간주하고 전쟁을 불사하겠다고 위협한다.

한편, 주인공인 퍼시 잭슨은 물과 매우 친해서 7분 이상 동안 물속에서 편안하게 지낸다. 퍼시 잭슨은 더러운 냄새가 나는 새 아버지의 구박을 받으면서도 함께 사는 어머니를 못마땅해 한다. 자신과 어머니를 버린 누군지도 모르는 아버지도 원망한다.

퍼시 잭슨은 그로버와 함께 캠프에 들어가고 사흘 만에 깨어난다. 그로버는 어느새 본모습인 사티로스로 변해있다. 휠체어를 타던 장애인 선생님은 어느새 반인반마의 현자 케이론이 되어 있다. 퍼시 잭슨은 자신이 포세이돈의 아들이라는 말을 듣고 놀란다. 그가 도착한 캠프는 자신과 마찬가지로 반신반인의 존재들이 모여서 훈련을 하는 곳이었다. 올림푸스에서 가장 위대한 세 명의 신의 자식으로는 처음으로 그가 캠프에 등장한 것이다.

그러던 중 하데스가 나타나 어머니를 찾고 싶으면 번개를 가져오라고 요구한다. 퍼시는 어머니를 찾기 위해 지하 세계로 가기로 마음먹고 캠프를 이탈한다. 그의 수호자인 그로버와 아나베스도 따라 붙는다. 아나베스는 루크를 찾아가 지옥으로 가는 단서를 얻는다.

루크의 아버지는 바로 헤르메스다. 헤르메스는 지하 세계에 망령을 인도하는 역할도 하는 신이므로 뭔가 좋은 방법이 있을 것이다. 루크는 날개달린 신발과 지도 하나를 준다. 루크는 말한다.

'지하 세계로 들어가기는 쉽지만 나오기는 쉽지 않다'

민지와 영화 이야기를 하자 걸리보는 마치 영화 속 인물이 된 것 같았다. 지금 타고 있는 배의 목적지를 알 수 없으니 불안감은 더했다.

걸리보는 겁나는 마음을 없애기 위해 민지와의 대화에 집중했다.

"그러면 신화와 과학은 어떤 관계일까? 신화 속에 등장하는 비현실적이고 황당한 이야기들이 과학과 상관관계가 있기는 한 걸까?"

걸리보는 옛날 사람들이 왜 신화와 같은 황당한 이야기를 지어냈는지 계속 궁금했다.

"그 이유는 옛날 사람들은 자기 주변에서 일어나는 자연현상에 대한 원인을 몰랐기 때문이었대. 지금은 사람들이 왜 별자리가 계절에 따라 바뀌는지, 왜 마그마가 분출되는지 알고 있지만 옛날 사람들은 그 현상들의 원인을 몰랐기 때문에 자연현상에 맞는 신화이야기를 지어낸 거야."

"그렇다면 신화 속에 등장하는 비현실적인 인물과 황당한 이야기가 실제 자연현상들과 동떨어진 것은 아니었단 말이구나?"

"응. 신화가 만들어진 배경은 인간이 자연을 잘 모르고, 자연을 두려워해서였지만 이야기를 들여다보면 그 시대 사람들이 자연현상을 오래 관찰하고 생각한 흔적들이 담겨 있어."

"그럼, 신화 속엔 과학이 추상적으로 들어 있다고 할 수 있겠구나?"

걸리보는 신화 또한 추상의 한 부분이라는 것을 깨닫자 신화가 한층 더 재미있게 다가왔다.

"예를 들면 '헤라클래스와 아킬로스의 격투' 같은 것은 강의 탄생과 지구 표면의 변화에 대한 내용이 숨어 있다고 할 수 있어."

"좀더 쉽게 설명해주라. 나는 신화를 거의 읽지 않았거든."

걸리보는 민지에게 부탁하면서 얼굴을 살짝 붉혔다. 그리고 속으로는 앞으로 책을 읽을 때는 편식하지 않고 다양하게 보겠다고 다짐을 했다.

"이 이야기를 읽으면 사람들이 강이나 호수가 어떻게 생겨났는지 궁금해 하고 있다는 것을 알 수 있어. 사람들은 이 현상을 헤라클레스와 아킬로스의 격투에서 아킬로스가 뱀으로 변신했을 때에 강이 생기고, 아킬로스의 뿔이 뽑혀서 우각호가 생겨났다고 설명했어."

"우각호는 토양의 침식과 퇴적 활동으로 만들어진 거잖아."

"응, 과학적으로는 그렇지. 하지만 신화에서는 이들 과학 원리를 사물의 모양이나 현상을 보고서 이야기를 만든 거야."

민지는 계속 이야기를 이어나갔다.

" '마그마가 꿈틀거리는 화산'에 대해 설명할 때 그리스 사람들은 마그마를 제우스가 에트나 산 아래 묻은 괴물 때문이라고 생각했어."

"그것 역시 땅속의 마그마가 지표의 얇은 곳으로 분출되는 것뿐이잖아?"

"걸리보는 과학 원리를 정말 많이 알고 있구나. 하지만 옛날 사람들은 마그마의 원리를 알지 못했기 때문에 신의 분노나 신의 뜻을 헤아리는 것으로 설명을 대신 한 거야. 또 별은 왜 떨어지지 않는지 궁금해 하면서 두려움을 느끼며 하늘을 떠받드는 기둥이 있다고 믿었어."

"사실 별은 지구에서 너무 멀리 떨어져 지구의 중력이 거의 작용하지 않기 때문에 떨어지지 않는 건데."

민지는 걸리보의 설명에 키득거리며 웃었다. 아무래도 모든 현상을 과학적으로 반박하는 걸리보가 재미있어 보인 것 같았다.

"맞아. 또 지구의 자전과 별의 일주 운동을 보고서는 별자리에 많은 탄생 이야기를 심어 놓았어. 예를 들면 큰곰과 작은곰 별자리에는 여신 헤라의 미움을 산 칼리토스가 어미곰으로 변하는데, 아들인 아르카스가 그 사실을 모르고 엄마를 죽이려하자 제우스가 둘을 별자리로 만들었어. 그러자 억울한 헤라 여신은 바다의 신인 포세이돈을 찾아가 자신의 이야기를 하며 큰곰자리와 작은곰자리가 바다 밑으로 내려오지 못하도록 부탁했대. 그래서 이 두 별자리는 땅으로 지지 않고 하늘을 맴돈다고 설명하고 있어."

"별자리가 지평선이나 수평선 아래로 떨어지지 않는 이유는 지구가 자전하기 때문에 지구 둘레를 도는 것처럼 보여서 그런 거잖아."

"응, 걸리보. 네 말이 모두 맞아. 하지만 이런 상상의 이야기를 통해 사람들은 자연현상에 더 많은 관심을 기울이게 되고, 결국에 진실을 찾아가는 동력이 된 거라고 생각해."

우각호

우각호(牛角湖)는 구불구불한 하천의 일부가 본래의 하천에서 분리되어 생긴, 초승달 혹은 쇠뿔 모양의 호수를 말한다. 예전에 강의 일부였던 호수라고 해서 하적호(河跡湖)라고도 부른다. 강 하류에서 넓은 평야에 접어들면 강의 곡류가 심해져 S자 모양으로 휘어지기 시작한다. 강이 휘어지는 이유는 강둑이 볼록한 부분에는 물의 흐름이 느려져 퇴적물이 쌓이고 반대편의 오목한 부분은 반대로 물의 흐름이 빨라져 강둑이 깎이기 때문이다.

이 과정이 계속되어 물의 흐름이 점차 원형에 가까워지며, 어느 부분에서는 두 휘는 부분이 붙어버리고 만다. 이렇게 만들어진 것이 우각호다.

우각호로 유명한 러시아 야말반도

그림과 시, 음악에 나타난 추상을 살피다

● ● ● ●

머릿속에 떠오르는 상상을 적절히 정리하고 요약하면 작품이 나온다. 작가는 본 원고 전 미리 틀을 잡는 초고로, 음악가는 대략적인 음계로, 미술가는 데생이나 캐리커처로, 수학자는 기초적인 계산식으로, 과학자는 기본적인 실험으로 '추상'을 잡아내야 한다.

어떤 것이든 가장 중요한 것만 남기면 그것이 사물의 본질과 장점이 되고, 그 장점을 개발하면 특기가 되는 것과 같은 이치다.

'추상'의 개념을 가장 잘 배울 수 있는 장르는 그림이다. 화가 몬드리안의 작품 〈나무 연작〉을 보면 실제 나무가 어떻게 추상화되는지를 잘 알 수 있다.

초기에 그린 나무 그림은 제대로 된 형태를 가지고 있었다(그림 1). 그런데 세월이 지나면서 점점 단순화되었다(그림 2). 그러다가 점점 추상화되어 가며(그림 3) 나중엔 결국 원래의 모습을 추측할 수 있는 근거마저 사라지게 된다(그림 4).

몬드리안, Piet Mondrian

네덜란드의 화가로 칸딘스키(Kandinsky)와 더불어 추상화의 선구자로 불린다. 자연에 대한 그림을 많이 그렸으며, 처음에는 신비적인 그림을 그리다 차차 추상화로 화풍이 바뀌었다. 칸딘스키의 자유로운 추상과 비교해 몬드리안의 그림은 문자 그대로 나무면 나무, 모래언덕이면 모래언덕의 핵이 추상화로 탄생했다. 질서와 비율과 균형을 중시한 몬드리안은 대상의 본질적인 구성 요소를 찾아내 가장 아름다운 비례를 탐구했다.

그림 1: 〈붉은 나무〉, 1908년   그림 2: 〈회색 나무〉, 1912년   그림 3: 〈꽃핀 사과 나무〉, 1912년
그림 4: 〈구성 2번〉, 1913년   그림 5: 〈빨강, 파랑, 노랑의 구성〉, 1930년

　이런 현상을 '환원'이라 한다. 원래의 모습으로 돌아간다는 뜻이다. 줄이고 줄여 남은 것은 수평과 수직의 선만이 남고 그 마저 줄이면 나뭇가지가 보여준 황금비율만 남게 된다(그림 5).

　몬드리안의 황금비율은 결국 추상의 추상이 낳은 결과임을 알 수 있다. 그런데, 이것은 나무의 특징을 없애는 것이 아니다. 실제로 나뭇가지의 모양을 자세히 보면 황금비율로 뻗어 나감을 알 수 있다.

추상에 대해 쉽게 살펴볼 수 있는 것 중 또 하나의 예로 '한자'를 들 수 있다. 한자는 그 자체가 추상이다. 요즘 말로는 아이콘이라고 할 수 있다.

한자에는 사물의 모양을 따서 글자를 만든 것들이 많은데, 이것은 사물의 모양을 추상해 만든 그림 글자이다. 형태를 본떠 만든 글자를 상형 문자라고 하는데, 이 원리를 알면 한자를 더욱 쉽게 배울 수 있다.

나무 목(木)자를 살펴보면 나무의 가지가 위로 뻗고, 뿌리가 땅으로 뻗는 것을 추상화한 것이다. 뫼 산(山)자는 뾰족한 삼각형의 산봉우리를 표현해 놓은 것이다.

사람 인(人)자는 어떤 의미일까? 이것은 사람과 사람이 서로 기대어 있는 모습으로, 사람은 혼자서가 아니라 다른 사람과 함께 서로 도우면서 살아가야 한다는 것은 한자로 나타낸 것이다.

한자와 더불어 '추상'을 배울 수 있는 문학 장르는 '시'를 들 수 있다. 시는 이야기를 요약하고 요약해서 추상의 극치를 이루는 예술이다. 그래서 시인은 요약의 천재가 되어야 한다. 지금의 이 상황을 한 마디로 설명할 수 있는 언어를 찾는 것이 시인의 할 일이라고 할 수 있다.

추상화의 작업은 그림이나 시에만 있는 것이 아니다. 아무리 복잡한 음악이라도 자세히 살펴보면 핵심이 되는 주제 부분이 있다.

예를 들어 베토벤의 〈운명 교향곡〉을 살펴보자. 이 교향곡에는 맨 앞 부분에 '짜자자잔~'하는 부분이 있다. 음악을 잘 들어보면 이것은 얼마 되지 않는 짧은 한 소절에 불과하다. 하지만 이 소절이 패턴을 만들어 반복 혹은 조금씩 변형되어 곡을 만들어낸다.

덜어내고 뼈대만 남기는 것이 추상의 기본

그런데 이 '짜자자잔~'은 무엇을 추상화한 소리일까?

다 알겠지만, 이것은 벼락치는 소리를 추상화한 것이다. 〈운명 교향곡〉의 주제 부분은 벼락이 내려치는 웅장한 소리다. 천둥소리와 같은 소리가 잔잔한 자연의 소리와 어우러져 강약을 거듭하며 곡을 이어간다. 이때 주제가 되는 핵심 부분이 그 곡을 대표하는 '추상'이 된다.

그런데 재미있는 것은 '짜자자잔~'하며 연주되는 부분은 베토벤이 처음으로 사용한 것이 아니라는 점이다. 베토벤보다 한 세대 앞선 모차르트나 하이든이 이미 사용한 주제였다.

'짜자자잔~'이라는 소리는 아무데서나 굴러다니고 있는 돌멩이와 같다. 사실 그것만으로는 전혀 가치가 없는 것이라고 할 수 있다. 하지만, 그것이 훌륭한 계산에 의해서 완벽한 구성을 이루게 되자 전혀 다른 곡이 된 것이다.

'추상'에 대한 개념을 직접 뽑아내 보자

1. 다양한 특성과 특징을 두루 생각하고 가장 본질적이라고 생각되는 것을 주제로 정한다. 그 다음 시간이나 공간의 거리를 두고, 추상화의 결과로 나타날 수 있는 것을 거듭 생각한다.

2. 추상할 대상을 몸짓으로, 노래로, 산문으로, 시로 나타내어 개념과 은유를 추출한다. 과학적인 성향이 강한 편이라면 간단한 실험 또는 수학공식으로 나타낼 수도 있다. 무용수라면 사람이나 동물의 움직임을 그대로 흉내 내면서 그 대상을 특징짓는 본질을 찾아낼 수 있다. 새소리, 바람소리, 회전목마 소리를 음악으로 묘사해 본다. 최대한의 감수성과 의식을 최소한의 어휘로 전달하는 방법을 찾는다.

3. 초등학교 저학년이라면 듣고 읽은 이야기 또는 하루 일과 중에서 가장 중요한 것이 무엇인지를 한 가지 찾아내어 표현해 본다.

4. 초등학교 고학년이라면 어떤 물체나 개념에서 다소 불분명해 보이더라도 보다 근본적인 특징을 추출해 본다.

5. 대가들의 추상화를 보면서 영감을 얻어 그들을 따라해 본다.

3 추상의 다양한 방법을 배우자

이야기로 만들어 기억하라

●

민지와 신화 이야기를 하다 보니 어느새 배는 강의 반대편에 닿아 있었다.

걸리보와 민지는 배에서 내렸다. 주변을 살피니 앞에 또 다른 동굴이 있었다. 그쪽에서 빛이 흘러나왔다.

"저쪽이 출구인 것 같아."

걸리보와 민지는 동굴로 들어갔다. 동굴이라고 생각했는데, 갑자기 넓고 환한 공간이 나타났다.

"앗! 저건."

걸리보는 깜짝 놀랐다.

"걸리보, 왜 그래?"

걸리보가 발견한 건, 지난번 이집트를 모험할 때 만났던 스핑크스였다. 이집트에 있어야 할 녀석이 왜 여기에 나타났는지 알다가도 모를 일이었다.

"응, 난 저 스핑크스를 알거든."

"그래? 그럼 우리를 여기서 지나가게 해달라고 부탁할 수도 있겠네?"

스핑크스는 아직 걸리보와 민지를 발견하지 못하고 있었다. 그래서 민지는 속삭이듯이 걸리보에게 말했다. 민지의 말에 걸리보는 알 듯 모를 듯 얼굴을 찌푸렸다.

"아니. 그럴 확률은 거의 없을 것 같아."
"크르르릉~. 여기에 왜 온 것이냐."
드디어 스핑크스가 민지와 걸리보를 발견했다.
"우리는 여기를 지나가야 해. 그래야 집에 갈 수 있어. 길을 비켜줘."
걸리보의 말에 스핑크스는 '케케~'거리며 불쾌한 웃음소리를 냈다.
"내가 순순히 비켜줄 거면 여기를 왜 지키고 있겠나."
"그럼 어떻게 하면 여기를 지나갈 수 있지?"
"그야 당연히 수수께끼지. 내가 세 문제를 낼 테니 그것을 맞추면 지나갈 수 있도록 해 주겠다."

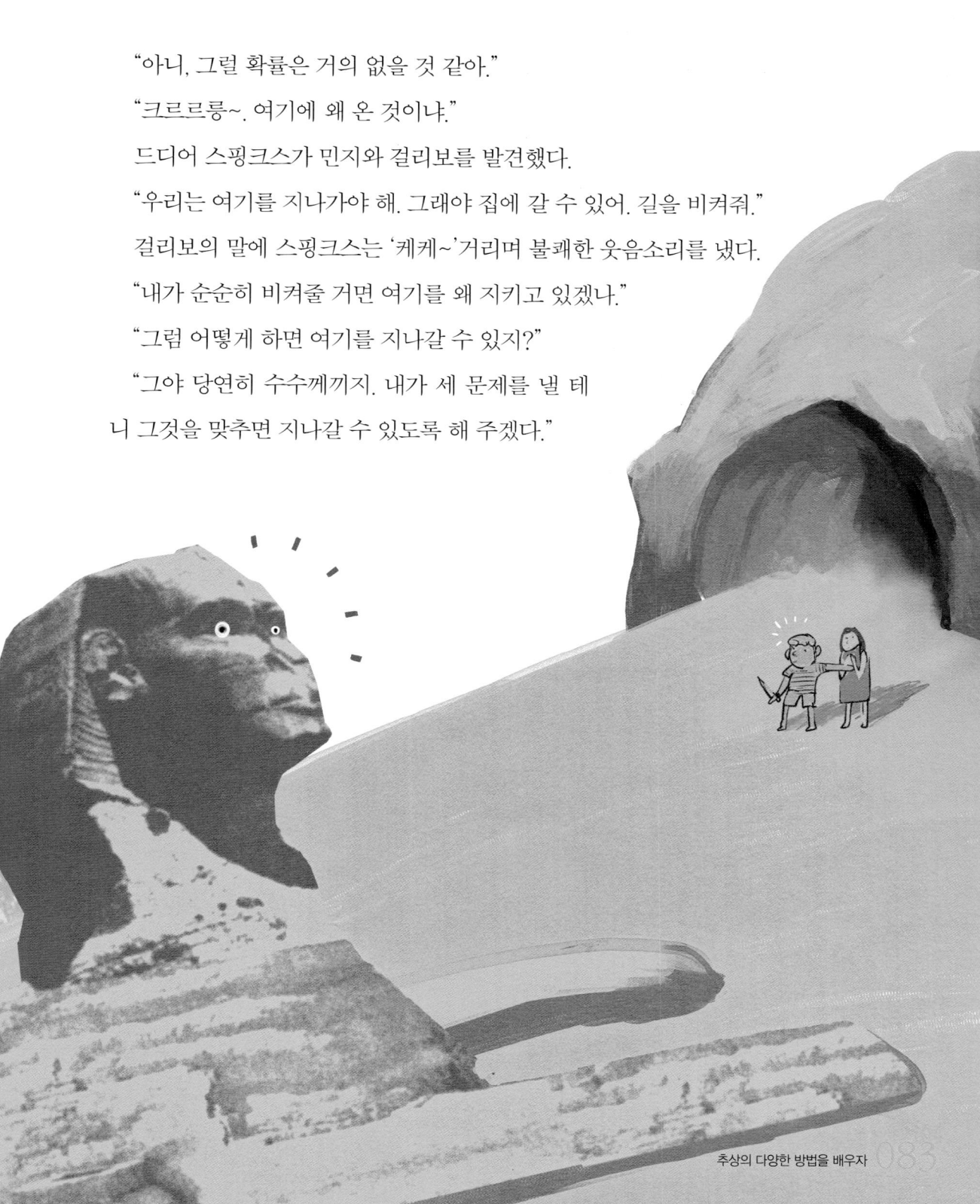

추상의 다양한 방법을 배우자

걸리보는 저번보다 걱정이 덜 되었다. 저번에는 혼자서 문제를 풀었는데 이번에는 민지와 상의를 할 수 있으니 든든했다.

"알았어. 그럼 문제를 내 봐."

"첫 번째 문제다. 두 사람이 앞뒤에서 손수레를 끌고 가고 있는데, 뒤에서 밀고 있는 사람에게 물었다. '앞에서 손수레를 끄는 사람은 당신의 아버지인가요?' 그러자 그 사람이 '아니오'라고 말했다. 그러자 이번에는 앞에서 끌고 가는 사람에게 물었다. '뒤에서 밀고 있는 저 사람은 당신의 아들이 맞소?' 그러자 앞에서 끄는 사람이 말했다. '그렇소, 내 아들이오.' 그렇다면 두 사람은 어떤 관계일까?"

"한 사람은 자기 아들이라고 분명히 대답을 했는데 한 사람은 자기 아버지가 아니라고 한다……."

걸리보는 스핑크스의 이야기를 머릿속으로 다시 한 번 정리를 해 보았지만, 딱히 명확한 답이 떠오르지 않았다.

"민지야. 너는 답이 뭔지 알겠어?"

걸리보는 옆에 있는 민지에게 작은 목소리로 속닥거렸다.

"어려울 것 같지는 않아. 그러니 당황하지 말고 침착하게 생각해보자."

"쉽다고?"

"오히려 단순하게 생각하면 답이 나올 것 같아."

"이것을 기호로 생각해보면서 이야기하면 쉽게 풀릴 것 같아. 아들을 S(SON)라고 하고 아버지를 F(FATHER)라고 해보자구. S는 맞는데 F가 아니라고 했어. 하지만 F만 S를 가지는 것은 아니잖아?"

민지가 하는 이야기는 걸리보에게 알쏭달쏭하게 들렸다.

"그게 무슨 말이야?"

"M(MOTHER), 즉 엄마도 S를 가질 수 있잖아."

민지의 이야기에 걸리보는 그제서야 그림이 그려졌다.

"아, S를 갖는 것은 F뿐 아니라 M도 있으니 앞에서 손수레를 끌고 가는 것은 아빠는 아니지만 엄마는 될 수 있다는 말이구나."

"빙고! 맞았어. 첫 번째 문제는 수학의 추상성을 이용하면 간단하게 표시할 수 있어."

명쾌하게 답을 풀어낸 민지에게 걸리보는 진심으로 감탄을 했다.

"민지야, 너 정말 대단하다! 좋아, 스핑크스 잘 봤지? 정답은 엄마야. 앞에서 끌고 있는 사람은 아빠가 아닌 엄마인 거라고."

걸리보의 답에 스핑크스의 얼굴이 일그러졌다. 무섭게 번득이는 스핑크스의 눈이 이번에는 다른 질문을 준비하는 것 같았다.

"두 번째 문제를 내겠다. 여기에 똑같은 길이의 노끈 두 개가 있다. 이 중 하나의 노끈은 다 타는데 30분이 걸린다. 그렇다면 이 두 노끈을 이용해 45분이라는 시간을 얻으려면 어떻게 하면 되는지 맞춰 봐."

"그야 노끈 한 개를 다 태운 후 다른 한 개는 접어서 절반만 태우면 되지 뭐. 안 그래?"

"크하하. 하지만 이 문제엔 조건이 있다."

"조건? 그게 뭔데?"

"노끈을 절대 접으면 안 된다."

"그런 게 어딨어?"

"걸리보! 단순하게 생각해."

"단순하게?"

스핑크스의 조건에 살짝 흥분했던 걸리보는 다시 마음을 가다듬고 스핑크스의 문제를 생각했다.

"끈을 한 개 태우는 데 30분이 걸리면 나머지 15분은 어떻게 얻을 수 있을까? 접을 수 없다면 그것과 비슷한 방법을 쓰는 게 가장 간단하겠지? 맞아. 끈 한 개를 양쪽에서 태우면 중간에서 만날테니 15분이 걸리잖아."

생각을 차근차근 정리해 나가니 답이 어렵지 않게 구해졌다.

"스핑크스, 답을 말하겠어."

"좋다, 들어보자."

"끈 한 개를 다 태우면 30분이 걸려. 이 시간은 끈 한쪽에서 불을 붙여 태웠을 때 걸리는 시간이야. 나머지 시간은 나머지 끈을 양쪽 끝에서 불을 붙여 태우면 나와. 왜냐하면 양쪽의 불은 같은 속도로 타니까 중간에서 만나는데, 그 시간은 30분의 절반인 15분이 되는 거지. 정답은, 하나는 한쪽에서 출발해 다 태우고 하나는 양쪽에서 불을 붙여 태운다."

걸리보의 똑 부러지는 대답에 스핑크스는 할 말을 잊은 것 같았다.

"잠깐! 세 번째 문제는 지금이 아니라 다음에 내겠다. 내가 좀더 연구를 한 다음 네 녀석이 절대 풀 수 없는 문제를 가져오마. 그러니 잠시만 기다려라. 알겠나?"

"비겁하긴! 질 것 같으니 도망가는구나?"

걸리보는 스핑크스를 잡아놓을 방법이 없을지 고민되었다. 화나게 만들면 세 번째 문제를 낼까? 스핑크스를 이대로 그냥 가게 만들면 이 동굴에서 빠져나가기 힘들 것 같다는 생각이 들었다. 그래서 걸리보는 스핑크스에게 슬쩍 시비를 걸었다.

"도망가는 게 아니라 네 녀석을 완전히 잡을 비책을 만들기 위해 잠시 자리를 비우는 거다. 잘못 나를 따라왔다가 너는 모든 기억을 잃을 수 있으니 꼼짝 말고 이곳에서 기다리고 있거라."

스핑크스는 걸리보의 시비에도 별다른 반응을 보이지 않고 안쪽의 입구로 들어가 버렸다.

"걸리보, 이제 우리는 어떻게 해야 할까?"

"내가 보기엔 저 안에 무슨 장치가 되어 있긴 한 것 같은데. 우리가 조심하면 괜찮을 것 같아. 내가 기억력을 높이는 법을 알거든."

"기억력을 높이는 법?"

걸리보가 알고 있는 방법은 '전두엽 기억법'이었다. 언젠가 시험 때 벼락치기를 잘 하는 방법을 고민하다가 알아둔 방법이었는데, 이럴 때 써먹을 줄은 생각도 못했다.

사람의 기억력은 대부분 뇌의 뒷부분인 후두엽에서 시작된다. 그런데 후두엽은 단기기억만을 저장하기 때문에 무엇인가를 기억했다가 이내 지워버린다. 오랫동안 기억을 갖고 있으려면 충격요법을 써서 이마 부분의 전두엽에 기억을 저장해야 한다. 전두엽의 기억능력을 높이기 위해서는 명상이라는 방법이 필요하다. 깊은 생각을 통해 확실하게 저장해 놓아야 나중에라도 기억을 잊어버리지 않고 지혜를 발휘할 수 있기 때문이다.

"민지야, 잘 들어. 지금부터 너와 나는 기억을 잊어버리지 않기 위해 전두엽에 기억들을 저장해야 돼. 그렇게 하면 저 입구로 들어가도 우리의 기억을 계속 갖고 있을 수 있을 거야."

"전두엽이라니?"

"응, 내가 벼락치기를 할 때 배워놓은 기억법이야. 전두엽에 각인되지 않은 기억은 길어야 며칠밖에 가지 않는 반면 전두엽에 기억된 것은 죽을 때까지 잊어버리지 않는다고 해."

"난 좌뇌 우뇌 이런 말을 들어봐도 전두엽이란 말은 처음 들어 봐. 어떻게 해야 하는데?"

"모든 기억을 이야기로 만들거나 단순 요약해서 기억하는 거야."

"예를 들면?"

"예를 들면 구구단을 외우는 것과 같아. 2×2=4, 2×3=6, 2×4=8 ……처럼 간단하게 외우잖아. 이미 알고 있는 내용을 일목요연하게 요약해서 외우는 거야. 우리가 알고 있는 지식을 다시 꺼내 단순 요약해서 기억하는 작업이야."

걸리보의 말을 들은 민지는 단순 요약이라는 말에 눈이 빛났다.

"그럼, 그것도 추상의 일종이겠구나."

민지의 지적에 그제서야 걸리보도 깨달았다.

"그러고 보니 정말 그렇네? 그러니까 지금껏 우리는 알고 있는 것을 모두 기억하고 있다는 착각에 살았던 거야. 그런데 막상 시험을 치면 알고 있는데 기억해내지 못해 틀렸던 거야!"

"그럼 지금부터라도 알고 있는 것은 언제든 떠올려도 잘 기억이 나도록 요약하고 추상화해서 기억해야 겠구나!"

걸리보는 민지와 함께 있으면 늘 생각과 이야기가 풍부해지는 것이 희한했다. 이렇게 마음에 맞는 친구를 얻기도 힘들 것 같았다. 민지를 좋아하는 마음이 더 커졌다.

걸리보와 민지는 자신들이 알고 있는 모든 지식을 일목요연하게 요약해서 머릿속에 저장하는 시간을 가졌다. 자칫 잘못하면 마치 컴퓨터가 포맷되는 것처럼 머릿속이 하얗게 비워질 수도 있는 상황을 만났기 때문이었다.

"민지야, 이야기를 만들어서 기억을 하면 더 잘 기억할 수 있어."

걸리보는 민지에게 또 다른 노하우를 알려주었다.

"이야기를 만들다니?"

"기억을 할 때 상상을 하면서 이야기를 만들어 머릿속에 집어넣으면 기억하기가 쉬워."

"너는 어떤 이야기를 만들었는데?"

민지의 질문에 걸리보는 얼굴이 살짝 발그레 물들었다. 어두워서 민지가 못 알아챈 것이 다행이었다. 민지와 함께 올림피아드에서 상을 타고, 그것을 계기로 더 친해져서 사귄다는 이야기를 만들었다는 것을 당사자에게 말할 수는 없었다.

"그건 비밀이야. 여하간, 너도 이야기를 만들어서 기억을 해봐. 우리가 잊어버리면 안 되는 것은 일단 이름이랑 나이, 전화번호, 엄마, 아빠잖아. 가족에 대한 이야기를 만들어서 기억하면 되지 않을까?"

"걸리보. 네가 알려준 대로 이야기를 만들어 기억을 하니 머릿속에 선명하게 기억으로 남아있는 것 같아."

"응, 이제 그럼 들어가 보자."

걸리보와 민지,
지하기지를 발견하다
· ·

걸리보와 민지는 넓은 광장을 지나 빛이 쏟아져 나오는 동굴로 들어갔다. 처음에는 갑자기 밝아진 탓에 눈앞에 아무것도 안 보였다. 하지만 밝은 장소에 눈이 차츰 익숙해지자 걸리보는 커다란 공장같은 건물을 발견했다.

깜짝 놀라서 건물을 보고 있는 걸리보와 민지를 발견한 듯 갑자기 서치라이트가 둘을 비췄다.

"비상, 비상. 아이들이 들어왔다. 신원을 확인하라."

건물 안에서 확성기 소리가 퍼졌다.

"너희들은 누구냐."

총과 무기로 중무장한 채 군복을 입은 어른들이 걸리보와 민지를 둘러쌌다. 걸리보는 자신도 모르게 손을 번쩍 들었다.

"살려주세요. 저희는 산에서 길을 잃어서 집으로 돌아가는 길을 찾으려고 했을 뿐이에요."

걸리보의 이야기를 들었는지, 확성기에서는 사람들이 웅성거리는 소리가 들렸다. 몇 분 후 건물에서 하얀 가운을 입은 인상 좋아 보이는 할아버지가 걸어나왔다. 걸리보와 민지를 둘러싼 군인들이 가운을 입은 할아버지가 들어오게 길을 터 주었다.

"아니, 애들이 어떻게 여기를······. 다친 데는 없니?"

    친절하게 묻는 할아버지를 만나자 걸리보는 자신도 모르게 다리가 풀려버렸다. 휘청거리는 걸리보와 민지를 부축한 할아버지는 다시 한 번 '어이쿠'하는 걱정 어린 감탄사를 쏟아냈다.
    "저희는 자연관찰을 하기 위해 산을 올랐는데, 추상도사라는 분을 만났어요. 그 분이 이 동굴을 통과해야 집에 갈 수 있다고 해서 여기까지 오게 된 거예요."
    민지가 자초지종을 말하자 인상 좋아 보이는 할아버지는 미간을 살짝 찌푸렸다.
    "혹시, 그 추상도사라는 사람이 흰 수염이 길게 난 할아버지였니?"

"네, 맞아요."

"아이고, 그 영감님이 또 장난을 쳤구나. 얘들아, 나는 김광속 박사란다. 일단 건물 안으로 들어가자꾸나."

김 박사와 함께 건물 안으로 들어간 걸리보와 민지는 한 눈에 봐도 이곳이 범상치 않은 곳이라는 것을 알 수 있었다.

걸리보와 민지, 김 박사가 우선 들어간 곳은 표지판에 '관계자 외 절대 출입금지'란 말과 같이 쓰인 반물질(anti matter)을 연구하는 곳이었다.

"민지야! 저 기계가 뭔 줄 알아?"

"음……. 내가 보기엔 입자가속기인 것 같아."

"입자가속기?"

"응! 흔히 양자가속기라고도 해."

"입자가속기는 뭐고, 양자가속기는 또 뭐야?"

"우리 아빠가 일하는 곳이 우주 연구소라서 들었는데, 반물질을 찾는데 필요한 장치라고 해. 흔히 물질의 구성요소는 양성자, 중성자, 전자로 구성되었다고 하잖아."

"양성자, 중성자, 전자?"

걸리보는 자신이 과학책을 많이 읽었다고 생각했었다. 하지만, 민지의 이야기를 들으니 자기가 알고 있는 지식은 커다란 사막의 모래알 정도일 뿐이라는 느낌이 들었다.

"물질을 쪼개고 쪼개고 쪼개면 정말 그 물질의 가장 핵심만 남는데, 그 기본단위가 우리가 흔히 알고 있는 분자야."

"분자는 나도 알아."

"그런데 그 분자를 다시 쪼개면 원자로 나누어지잖아, 알지?"

"그 원자로 원자폭탄을 만드는 거잖아."

"그래, 맞아! 모든 물질은 쪼개고 쪼개면 원자와 핵만 남아. 그런데 그 원자조차도 다시 쪼갤 수 있다고 해."

민지의 말을 듣다보니 걸리보는 아빠와 함께 한 이야기가 떠올랐다.

"원자를 쪼개면 양성자, 중성자, 전자로 남는데, 반물질은 반양성자, 반중성자, 반전자로 구성되지?"

오랜만에 걸리보가 아는 체를 했다. 스핑크스의 문제를 풀 때부터 걸리보는 위기 때마다 민지에게 여러 도움을 받았다. 그제서야 걸리보는 자신도 한몫했다는 생각이 들었다.

"응. 우리 아빠가 그러시는데 세상의 모든 것은 양과 음처럼 대칭성을 가진다고 해. 물질의 구성요소처럼 반물질도 하나의 형태라고 보면 돼. 이 둘이 합쳐질

반물질(反物質, antimatter)

전자·양성자·중성자로 이루어지는 실재(實在)의 물질에 대하여, 그 반대 입자인 양전자·반양성자·반중성자로 이루어지는 물질을 말한다.

입자와 반입자가 만나면 광속에 가까운 속도로 상호작용하여 감마선이나 중성미자로 변하기 때문에 존재를 확인하기 어렵다지만, 보통의 물질과 격리된 먼 세계에는 안정된 상태의 반물질이 존재할 가능성이 없지 않다.

이러한 반물질은 우주 탄생의 비밀을 해결하기 위한 단서로 연구되고 있으며, 또한, 물질과 반물질이 만나 소멸하면서 방출하는 엄청난 크기의 에너지를 이용하기 위한 연구가 진행되고 있다.

때 물질이라는 것은 사라지고 전부 에너지로 전환되는 거야."

"정말 그게 가능한 이야기니?"

"그럼. 그래서 세계 각국이 이 반물질을 얻으려고 입자가속기를 만든대. 반물질이 만들어지거나 사라질 때 생성되는 에너지는 원자폭탄을 능가한다고 해."

"그럼, 이곳은 그런 반물질을 만드는 곳일까?"

민지의 질문에 걸리보는 어깨를 으쓱였다. 입자가속기가 있다고 해서 모두 반물질을 만드는 곳은 아니기 때문이다.

"그렇다면 여기 있는 이 KRN 이라는 로고는 뭘까?"

"글쎄……, 아무래도 이곳은 우리나라의 숨겨진 과학센터 같아."

뒤에서 소곤거리며 따라오는 걸리보와 민지의 이야기를 다 들었는지 김광속 박사가 갑자기 설명을 해 주었다.

"KRN 이란 한국 입자물리연구소라는 의미란다."

걸리보와 민지는 김광속 박사의 말에 고개를 끄덕이긴 했지만, 정확한 의미가 와 닿지는 않았다. '입자물리연구소'라는 말이 너무 거창했기 때문이다.

입자가속기

전자나 양성자 같은 하전입자를 강력한 전기장이나 자기장 속에서 가속시켜 큰 운동에너지를 발생시키는 장치이다. 원자핵이나 소립자와 같이 작은 입자의 내부구조를 연구하기 위한 기계로, 구동하는 데에 매우 큰 에너지를 필요로 하는 거대과학 영역에 속한다.

원자핵이나 소립자(素粒子)에 관한 물질의 심층 구조를 탐구하는 물리실험에 사용되며, 암치료에 응용하는 방법도 연구되고 있다. 많은 건설비와 가동경비 및 연구비가 소요되므로 오늘날 가속기 과학은 우주 과학과 더불어 거대과학으로 여겨진다.

이윽고 일행이 도착한 곳은 지금껏 지나온 실험실들과는 사뭇 다른 분위기였다. 깨끗한 사무실에 산소발생을 위해 심어 놓은 듯 많은 나무와 화초들이 즐비한 쾌적한 곳이었다. 방 가운데는 편하게 쉴 수 있게 소파가 놓여 있었다.

"얘들아, 여기 앉아서 좀 쉬렴."

"감사합니다."

걸리보와 민지는 김광속 박사의 말대로 얌전하게 소파에 앉았다. 김광속 박사는 방 한 켠에 놓여있는 냉장고에서 우유를 꺼내 컵에 따랐다. 그리고 빵과 과자와 함께 쟁반에 담아 왔다.

"저녁도 안 먹었을 텐데. 간단하게 빵으로라도 요기를 하렴."

걸리보와 민지는 김 박사가 내놓은 빵과 우유를 맛있게 먹었다. 그렇지 않아도 저녁 때가 지나 무척 배가 고픈 상태였다.

"아무리 길을 잃어도 그렇지. 동굴 안으로 계속 들어오면 큰일이 난단다. 다음부터는 모르는 길로는 아예 다니지 말도록 해."

김 박사는 부드럽게 말했지만, 분명 걸리보와 민지를 꾸짖고 있는 중이었다. 걸리보와 민지는 모기 소리 만하게 '네'라고 답을 했다.

천천히 생각을 해보니 여간 위험한 모험이 아니었다.

"그런데, 박사님. 추상도사님은 누구세요?"

"그 영감님? 사실 그 영감님은 우리 연구소를 관리해주시는 분이시지. 그런데 심심하시면 연구소 안으로 이렇게 한두 명씩 사람을 들여보내신단다. 그건 그렇고 너희들 집은 어디니?"

"저희는 이 앞 동네에 살아요. 얼마 있으면 표준 올림피아드 대회가 열리는데, 그것 때문에 나무들의 표준을 찾아보기 위해서 등산을 했던 거였어요. 그런데 박사님, 이 연구소는 어디로 연결되어 있나요?"

"실은 여러 이유로 아직 연구소의 존재를 알릴 수가 없단다. 그래서 약간의 장치를 만들어 두었던 거란다."

김광속 박사의 말에 걸리보는 스핑크스가 떠올랐다.

"스핑크스 말씀이신가요?"

"응, 그래. 실은 그건 우리가 장난처럼 만든 홀로그램이었는데, 생각보다 현실감이 있어서 입구에 틀어놓은 거란다. 스핑크스 외에도 해태나 봉황, 용이 등장하기도 한단다."

"전 또 제 꿈에서 만났던 그 스핑크스인줄 알았어요. 그런데 어떻게 스핑크스는 제가 꿈속에서 있었던 일을 다 알고 있었을까요?"

걸리보의 질문에 김 박사가 미소지었다.

"그건 스핑크스가 다 알고 있었던 게 아니고 기억 속의 추상성 때문이란다."

"기억의 추상성요?"

"사람은 귀로 소리를 듣는 게 아니라 머리로 소리를 듣는단다."

"그게 무슨 말씀이에요?"

김 박사의 말에 걸리보와 민지는 고개를 갸웃거렸다. 머리로 소리를 듣는다는 말이 쉽게 이해가 가지 않았다.

"만약 엘리베이터 안에서 아는 사람을 만나 '안!'이라고만 이야기해도 우리는 그 사람이 '안녕'이라고 말했을 거라고 지레 짐작하지. 흔히 귀신의 소리를 들었다고 이야기하는 사람들도 알고 보면 자신의 마음의 소리를 들은 거란다. 이게 다 생각의 추상성 때문이야. '척'하면 '탁'하고 스스로 믿는 것이란다."

그제서야 걸리보는 김 박사가 하고 싶은 말을 이해했다. 스핑크스 홀로그램이

나온 것은 우연일 뿐인데, 걸리보는 이전의 경험 때문에 지레짐작으로 자신이 알고 있는 스핑크스라고 생각을 해버린 것이었다.

"그렇군요. 그런데요, 박사님. 이곳은 진짜 무엇을 연구하는 곳인가요?"

"음……. 둘 다 비밀을 지켜주겠니? 일부러 함정을 만들어 놓을 정도로 우리의 연구는 비밀이란다."

김 박사의 말에 걸리보는 걱정말라는 듯한 표정으로 고개를 가로 저었다.

"제가 얼마나 입이 무거운데요. 물론 민지는 저보다도 더 신중한 친구예요."

"그렇다면 너희들에게만 특별하게 이야기해주마. 여긴 반물질을 찾고 수집하는 곳이란다."

"반물질이요?"

"그래, 반물질. 최초 우주에는 에너지만 존재하고 있었는데, 우주의 균형이 깨지면서 물질과 반물질로 나뉘어지게 되었단다. 그러면서 지금의 지구와 같은 물질로 구성된 우주가 탄생했단다."

"그럼 반물질은 어떻게 만들어지나요?"

실제로 반물질은 자연에 존재하는 것이 아니다. 그래서 반물질을 만들어내기

유럽 입자물리연구소(CERN)

프랑스와 스위스의 국경인 제네바에 있다. 중요한 실험은 LEP, 즉 거대 전자 양성자 충돌장치이다. 이는 2001년에 중단되었으며 LHC, 즉 거대 하드론 충돌장치로 업그레이드 되었다. 이 연구소에서는 2008년 9월 10일 빅뱅 재현 실험에 들어갔다. 이 실험장치는 원형으로 생겼으며 지름이 8km에 이른다. 소설 ≪천사와 악마≫의 무대가 되기도 했다.

CERN은 'Conseil européen pour la recherche nucléaire'의 약자로서, 스위스 제네바에 본부를 둔 유럽합동원자핵연구기관의 약칭이다. LHC는 Large Hadron Colider의 약자로 강입자 충돌기라고도 한다.

위해서는 인위적인 실험 장치가 필요하다.

"전 세계엔 몇 안 되는 입자물리연구소가 있어. 그곳에서 반물질을 만들고 있는데, 그 생성량이 1년에 1/1000 그램 정도의 양에 불과하단다."

"만드는 방법은요?"

"너도 나중에 물리학을 배우면 알게 될 텐데, 간단하게 설명하자면 만드는 방법은 굉장히 센 자기장(powerful supermagnets)을 가진 터널 안에서 원자를 거의 빛과 같은 속도까지 가속을 시킨 다음 원자를 충돌시켜 반물질을 만들어 낸단다."

"우와! 그게 가능해요? 그런 반물질을 만들기 위해서는 굉장히 많은 장비와 에너지가 필요하겠어요."

"그렇지. 그래서 전기 소모가 많지 않은 한적한 곳에 전용 발전소를 두고 전기를 끌어 쓰고 있는 거야."

"우와 대단하다. 우리나라에도 이런 장치가 있는 줄 몰랐어요."

"생긴 지 얼마 되지 않았고, 아직도 시험가동 중이기 때문에 외부에 공개할 수 없었단다."

세상의 모든 물질을 **추상화** 시키면?

걸리보와 민지가 김광속 박사의 이야기를 열심히 듣는데 갑자기 스피커에서 음악 소리가 흘러나왔다. 음악 소리에 시계를 본 김 박사는 걸리보와 민지에게 질문을 했다.

"벌써 저녁식사 시간이 되었구나. 설마하니 간식을 먹었다고 저녁을 못 먹는 건 아니겠지?"

김 박사의 말에 걸리보의 얼굴이 환해졌다. 오히려 걸리보가 더 환영할만한 일이었기 때문이다. 빵과 우유는 맛이 있었지만, 어딘지 속이 느글거리던 중이었다. 역시 한국인은 밥이 최고!

"그럼요. 그런데 이런 지하에서도 식사를 할 수 있나요?"

"여기서 일하는 것을 비밀로 해야 하는 직원들의 식사를 위한 구내식당이 있단다."

김 박사와 함께 간 곳은 넓고 환한 식당이었다. 어두운 동굴에서

일을 해야 하니 식당이나 휴식공간은 넓고 환하게 만들어 사람들이 스트레스를 받지 않게 만들었다.

"그럼, 사람들은 어디로 들어오나요?"

민지의 질문에 김 박사는 잠시 머뭇거렸다. 하지만, 이미 연구소 여기저기를 돌아다닌데다 어차피 다시 밖으로 나갈 때는 제대로 된 입구로 나가야 하는 것이라는 생각에 미치자 답을 해 주었다.

"너희 동네 근처에 국립과천과학관이 있지?"

"네."

"그곳이 바로 입구란다. 외부 전시물을 보면 철도와 기차가 있잖니. 그게 끊어진 것처럼 보이는데, 실제로는 지하와 연결되어 있지."

걸리보와 민지는 깜짝 놀랐다. 얼마 전에도 자연관찰반에서 국립과천과학관으로 관찰여행을 갔었기 때문이다. 이렇게 가까운 곳에 지하 연구소가 만들어져 있다는 것이 놀라웠다.

"정말, 대단해요. 하지만 아무나 들어올 수 있는 건 아니죠?"

"하하하. 그렇지. 아쉽겠지만 너희들도 이 비밀은 꼭 지켜줬으면 좋겠어."

"네. 그런데 우리나라가 그 정도로 발달된 과학 기술을 가진 줄은 몰랐어요."

"너희들이 과학자가 되어서 더 발전시켜야지."

식당은 커다란 식판을 들고 밥과 반찬을 먹을 만큼 덜어가는 식이었다. 걸리보는 좋아하는 달걀말이와 장조림 반찬, 그리고 두부 햄버그까지 가득 담았다. 그런 걸리보를 보고 민지와 김 박사는 눈이 휘둥그레졌다.

"걸리보, 그걸 다 먹을 수 있어?"

"그럼. 내 배가 어떤 배인데."

"역시, 한창 자랄 나이라서 많이 먹는구나."
 알고 보니 김광속 박사도 걸리보와 민지 또래의 손자가 있었다. 박사님은 걸리보와 민지에게 핸드폰 안에 저장된 사진을 보여주었다. 커다란 안경을 쓴 책벌레 같은 아이가 환하게 웃고 있었다. 하지만 연구 때문에 한달에 두어 번 밖에 손자를 보지 못한다고 했다. 그래선지 걸리보와 민지에게 더 잘 대해주시는 것 같았다.

 밥을 먹다가 걸리보는 어렵게 과학 박사님을 만났으니 올림피아드에 대한 정보를 얻는 것도 좋겠다는 생각을 했다.
 "저, 박사님. 뭣 좀 여쭤봐도 돼요?"
 "그래. 물어보렴."
 "저희가 곧 표준 올림피아드 대회에 나가는데요. 어떤 주제를 잡아 과제로 제출하는 것이 좋을지 몰라 고민을 하고 있어요."
 "표준 올림피아드? 요즘에는 그런 대회도 있구나. 우리가 어릴 땐 그런 대회가 없었는데 너희들은 여러 능력을 발휘하는 대회가 많아서 좋겠구나."
 "하지만 저희 아빠는 반대로 이야기하세요."
 "반대라니?"
 "옛날이 더 좋았대요. 이것저것 공부해야 하는 우리들이 더 불쌍하대요."
 걸리보의 말에 김광속 박사는 '껄껄껄' 호탕한 웃음을 터뜨렸다.
 "아버지 말씀도 맞긴 하다. 그래서 좋은 공부를 하려면 단순히 책상 앞에서 책만 읽을 게 아니라 직접 체험하는 것이 중요하단다."
 "실은 저희가 그것 때문에 여기저기 다니다 길을 잃었거든요."

김 박사와 친해지니 긴장이 풀린 걸리보의 넉살이 늘었다. 하지만 김 박사는 넉살 좋은 걸리보가 더 마음에 드는 것 같았다. 사실 과학자 중에는 엉뚱하고 재미있는 사람들이 많다. 그래야 남들이 생각하지 않은 원리를 발견하고 깨달을 수 있기 때문이다.

"알았다, 알았어. 좋아! 표준 올림피아드가 어떤 것인지 대강 감은 잡힌다만 내가 직접 가르쳐주면 그건 공정하지 못하니 오늘은 알기 쉽게 과학의 발달과정에 대해 간략하게 이야기해주마. 그것을 알면 너희들의 과제에 실마리를 얻게 될거야. 일단 밥을 다 먹었으면 우리 다시 휴게실로 가자꾸나. 거기서 편하게 이야기하는 것이 좋겠지?"

흔쾌히 이야기를 해주겠다는 김 박사의 답에 걸리보와 민지는 한껏 기대감이 부풀었다.

다시 휴게실로 돌아와 앉은 김 박사는 걸리보와 민지에게 '과학이 어디서부터 시작되었는지'를 물어보았다. 그러고 보니 우리는 주변에서 늘 과학을 접하고 있는데, 어떻게 시작되었는지에 대해서는 별로 궁금해 하는 것 같지 않았다.

"사실 과학은 사람들이 주변에서 일어나는 여러 현상을 밝히려고 하는 것에서부터 시작되었단다. 그래서 어떤 때는 신화가 과학처럼 여겨질 때도 있었어.

연금술(鍊金術, alchemy)

기원전 알렉산드리아에서 시작하여 이슬람 세계에서 체계화되어 중세 유럽에 퍼진 주술적 성격을 띤 일종의 자연학을 말하는데 비금속을 인공적 수단으로 귀금속으로 전환하는 것을 목표로 삼았다.

메소포타미아, 고대 이집트, 페르시아, 인도, 중국 등에서 이루어졌으며, 고대 그리스와 로마 그리고 이슬람 문명권과 유럽에서 19세기까지 여러 단체와 철학적 시스템으로 2,500여 년 동안 서로 상호작용해왔다.

그런데 이 과학은 금을 직접 만들려고 하는 연금술사들에 의해서 비약적인 발전을 하게 된단다. 이전까지는 자연의 원리를 알아내고 밝혀내려는 것이 대부분이었지만, 연금술사들 덕에 과학은 서로 혼합되고, 연결되며 다양한 물질을 만들어내게 된 것이지. 연금술사들은 고대의 기초 과학자들이었던 거야."

학교에서는 듣지 못했던 재미있는 이야기에 걸리보와 민지는 쏙 빠져들어 갔다.

"옛날 연금술사들은 우주가 흙, 공기, 불, 물의 네 가지 물질로만 이루어져 있다고 생각했단다. 그래서 원소들을 잘 배합하면 금을 만들 수 있다고 생각했지."

"그런데 왜 금을 만들려고 했을까요?"

이야기를 듣던 민지가 궁금해하며 물었다.

"왜긴. 금을 만들면 부자가 되잖아."

"하하하. 걸리보의 말이 정답이다. 금을 만들면 돈을 쉽게 벌 수 있으니 그런 연구를 하게 된 거란다."

"하지만, 박사님. 금은 사람 손으로 못 만들지 않나요?"

"그렇게 생각하니? 우리가 금을 못 만들 것 같니, 아님 안 만들 것 같니?"

김광속 박사의 질문은 답을 충분히 예상할 수 있는 것이었다. 금을 못 만든다면 그런 질문을 하지도 않았을 것이기 때문이다.

"그렇게 물어보시니 안 만드는 것이군요?"

"그렇단다. 인류가 금을 만드는 비밀을 알게 되기까지는 수천 년의 시간이 필요했단다. 우리가 금을 만들 수 있게 된 것은 바로 원소의 발견과 원소의 주기율표 덕분이란다."

김광속 박사는 설명을 계속 이어나갔다.

"세상의 모든 물질은 110개의 원소로 이루어져 있단다. 그런데 신기하게도 모든 원소들이 일정한 패턴을 갖고 있지. 우리는 이것을 배열표라고 부르는데, 금속의 배열표를 보고 그 중 하나를 건드리면 다른 성질의 금속으로 변화된단다. 납의 원소 배열을 변화시키면 금이 되는 것도 이런 원리야.

연금술은 이런 이론 위에서 만들어졌어. 금을 만드는 기술이란 뜻의 '연금술'이 탄생한 것은 고대로 거슬러 올라간단다. 그 이론적 근거는 아리스토텔레스의 원소 전환 가설이었어.

연금술사들은 모든 금속이 수은과 황으로 이루어졌다는 가설을 믿었지. 그리고 그들은 가장 완전한 금속은 '금'이라고 여기고, 금은 순수한 수은과 순수한 황이 가장 좋은 비율로 결합된 것이라고 생각했어. 따라서 납이나 철 등 불완전한 금속 중 수은과 황을 순수하게 하고, 그 비율을 바꾸어주면 완전한 금을 얻을 수 있다고 믿은 거야."

이러한 연금술은 실험 과학의 기초가 되어 근대 공업의 발달에 커다란 도움을 주었다. 왜냐하면 연금술을 통해 사람들은 모든 금속이나 재료에는 고유한 성질이 있으며 일정한 패턴이 있다는 것을 알아냈기 때문이다.

또한 연금술사들은 다양한 과학기구도 발전시켰다. 증류기, 플라스크, 여과기 같은 실험기구와 증류, 결정, 침전법 등의 실험 기술이 연금술사들 덕에 더욱 발달했고, 알코올, 에테르, 질산, 황산, 비누 등 여러 가지 약품이 개발되었다.

하지만 19세기에 들어서 돌턴의 원자설과 아보가드로의 분자 개념이 성립되면서 연금술은 더 이상 과학적인 것으로 취급받지 못했다.

"그런데, 연금술이 아예 불가능한 기술은 아니라는 것을 현대의 과학자가 증명했단다. 입자가속기가 발달하면서 과학자들은 에너지를 가한 입자는 변화를 일으킨다는 것을 발견했지. 우리 연구소에 설치된 입자가속기도 일상적으로 원소 변화를 일으킨단다. 에너지를 가한 입자를 가속해 특정 물질의 원자에 부딪히면 양성자와 중성자가 튀어 나가면서 새로운 원소로 바뀌는 거지. 노벨 화학상 수상자이기도 한 미국의 화학자 글렌 시보그(Glenn Seaborg)는 1980년 이런 방법으로 극미량의 납을 금으로 바꾸는 데 성공했단다."

김 박사의 말은 어떤 이야기책보다도 재미있었다. 그런데 이 이야기들이 모두 실제로 과학의 역사라는 것이 놀랍기만 했다.

"그럼 이제 대량 생산을 하는 것만 남았네요?"

걸리보의 질문에 김 박사는 웃으며 고개를 절레절레 저었다.

"하하하. 그러면 얼마나 좋겠니. 하지만 시보그가 만든 금은 1천원 어치도 안 되는 아주 작은 양인데다, 방사능을 내뿜어 쓸모가 없었단다. 엄청나게 소모된 에너지에 비하면 경제성이 전혀 없었지. 하지만 이 실험은 현대 과학의 힘으로 연금술의 오랜 꿈을 이룰 수 있다는 가능성을 보여줬다는 점에서 의의를 찾을 수 있단다."

김 박사의 설명이 끝나자 걸리보의 머릿속에는 물질의 본질이 무엇인지 요약 정리가 되었다.

세상의 모든 물질을 가장 추상적으로 요약하면 원소로 정의할 수 있는데, 그 원소마저도 파장을 알면 파장의 움직임을 조절해 움직일 수 있고, 이로 인해 중성자나 양성자가 위치를 이동하면 백금이나 구리도 금이 될 수 있다는 것이었다. 다만 아직 더 값싼 방법을 발견하지 못해 비용이 비싸 대량으로 생산하지 못하는 것이었다. 이렇게 머릿속으로 요약을 하며 정리하니 훨씬 더 깊이 기억되는 것 같았다.

돌턴과 아보가드로

돌턴(John Dalton)은 여러 가지 물질, 특히 기체에 대한 연구를 하면서 물질은 더 이상 쪼갤 수 없는 작은 알갱이인 원자로 이루어져 있다는 가설을 세웠다. 또한 같은 원소의 원자는 무게 및 그 밖의 성질이 모두 같다고 봤으며, 화합물은 두 가지 또는 그 이상의 원자가 일정한 정수비로 결합해 생긴 물질이라고 주장했다. 돌턴의 원자설은 오늘날 물질에 대한 생각으로 보편적으로 인정받고 있다. 이로 인해 원자는 원소의 성질을 갖는 가장 작은 기본 입자로 규정되고 있다.

돌턴은 물질을 분자와 원자로 구분하지 않고 합쳐서 원자의 개념을 세웠다.

돌턴의 원소기호: 원자를 둥근 모양으로 생각하여 추상적으로 나타냈다.

하지만 이런 돌턴의 생각이 잘못되었다고 밝힌 과학자가 아보가드로(Amadeo Avogadro)이다. 그는 이탈리아의 물리학자이며 화학자로, 원자와 분자를 나누어 생각했다. 그는 '기체는 분자라고 하는 작은 알갱이로 이루어져 있고, 분자는 원자 몇 개가 서로 결합해 이루어진 알갱이'라고 가정했다. 이것을 아보가드로의 분자설이라고 한다. 예를 들면 물은 수소 원자 2개와 산소 원자 1개가 결합해 물 분자를 이루며, 산소는 산소 원자 2개가 결합한 분자로 구성된다. 분자는 원자의 변화가 없으면 변화되지 않지만, 이때 원자의 조합이 변하면 다른 물질로 변화된다.

"자, 애들아. 이제 퇴근시간이란다. 너희도 같이 집으로 돌아가야지."

이야기를 마친 김광속 박사는 걸리보와 민지를 데리고 연구소 옆의 작은 역으로 갔다. 역에는 퇴근을 위해 열차를 기다리는 사람들이 제법 있었다.

"박사님, 정말 많은 것들을 배웠습니다. 지상으로 올라오시면 꼭꼭 연락주세요."

"그래. 나도 오랜만에 반가웠단다. 그럼 잘 올라가라. 아, 올라가게 되면 작은 서약서를 쓰게 될 거야. 지하 연구소의 일은 다른 사람들에게 말하지 말라는 서약서란다."

"네. 절대로 다른 친구들에게 말하지 않을 거예요."

멀리서 열차가 역 안으로 들어왔다. 이 열차는 지하철처럼 소리가 크지 않았다. 열차에 올라선 걸리보와 민지는 마지막으로 김 박사에게 인사를 했다. 김 박사는 열차가 멀어질 때까지 자리에 서서 배웅을 해 주었다. 그런 박사님이 걸리보는 너무 고맙고 죄송스러웠다. 그래서 더 열심히 표준 올림피아드를 준비하기로 마음을 먹었다.

주기율표

주기율에 따라서 원소를 배열한 표이며 제 1족부터 제 18족까지 만들어진 장주기형 주기율표가 널리 쓰인다. 1869년 독일의 마이어 및 러시아의 멘델레예프가 원자량의 증가 순서로 원소를 배열하여 근대적인 주기율의 기초를 확립한 뒤 많은 사람들이 여러 모양의 주기율표를 만들었다. 1913년 모즐리는 멘델레예프의 주기율표를 개량하여 원자번호 순으로 원소를 배열하였는데, 이는 성질이 비슷한 원소가 주기적으로 등장하는 현대의 원소 주기율표와 유사하다.

모방하는 방법을 통해 추상화한다

••••

레일이 아닌 바퀴가 달린 열차는 지하레일을 따라 움직였지만 무척 조용했다. 걸리보는 바퀴가 달린 열차를 처음 타봤기 때문에 무척 희한했다. 지하철보다 덜컹거리는 것도 덜한 것 같았다.

국립과천과학관에서 집까지는 버스로 30분 정도 가야하는 거리였다.

"민지야, 오늘 즐거웠지? 생각지도 못한 모험도 하고 말이야."

걸리보의 말에 민지도 고개를 끄덕였다.

"역시, 걸리보 너랑 있으면 심심한 줄 모르겠어."

걸리보는 그 말이 나쁜 말이 아니길 바랐다.

"그거…… 나쁜 말 아니지?"

"응, 즐거웠어. 하지만 좀 늦었네. 어른들이 많이 걱정하실 거야."

민지는 지상으로 올라오자마자 핸드폰으로 집에 전화를 걸었다. 그리고는 천연덕스럽게 산에 올라간 김에 국립과천과학관까지 들르느라 늦었다고 변명을 했다. 틀린 말이 아니었기에 걸리보도 좋은 변명거리라고 생각했다.

그래서 걸리보는 집으로 전화를 걸어 민지와 똑같이 이야기 했다. 하지만 집에 들어와서 엄마의 칼눈을 피할 수는 없었다.

"아직 어린애가 해가 질 때까지 돌아다니면 어떻게 하니? 게다가 여자 친구랑 같이 있었다면, 더 일찍 들어왔어야지. 그 집에서는 얼마나 걱정을 했겠어."

엄마의 말이 구구절절이 옳았기 때문에 걸리보는 따로 할 말이 없었다. 현관문에 들어서자마자 삼십분 동안 잔소리를 듣고서야 겨우 놓여날 수 있었다.

옷을 갈아입고 손발을 씻은 걸리보는 당장 아빠가 일하시는 서재로 향했다.

"아빠, 다녀왔습니다."

걸리보가 엄마에게 잔소리를 들었다는 것을 알고 있는 아빠는 씨익 웃으셨다.

"그래, 재미있었니?"

"네. 이런저런 일이 있었어요. 아빠에게 말씀드릴 수는 없지만요."

뭔가 비밀스러운 냄새를 풍기를 걸리보의 말에 아빠 걸출한 씨의 눈썹이 살짝 올라갔다.

"위험한 짓을 한 건 아니겠지?"

"아니어요, 아빠. 제가 위험한 일을 왜 하겠어요. 근데요, 궁금한 것이 있어요. 열차가 쇠바퀴가 아니라 타이어 바퀴로도 갈 수 있어요? 그리고 사람들은 왜 지하를 파서 지하철이 다니게 했을까요? 굴이 무너지지는 않을까요?"

걸리보의 끝이 없는 질문에 아빠는 잠시 생각에 잠기셨다.

"걸리보가 요즘 점점 더 어려운 질문을 하는구나. 그렇다면 이제는 단순한 현상만 아니라 원리를 이야기해 줘야 할 것 같아."

걸출한 씨는 아들에게 발명의 원리부터 차근차근히 설명해주기 시작했다.

"모든 발명은 자연으로부터 배우고 그 자연을 응용해 머릿속에 그림을 그린 다음 단순하게 그것을 표현하는 것에서부터 시작한단다. 발명에는 두 가지 과정이 있는데 첫째는 머릿속에 자신이 관찰한 것을 그려보는 시각화, 혹은 형상화라고 하는 것과 두 번째는 사물에서 발견한 그 기능을 단순화해서 적용 가능한

지하철의 역사

세계 최초의 지하철을 계획한 사람은 영국 런던시의 법무관이었던 피어슨(Charles Pearson)이다. 그는 1843년에 템즈강 터널이 개통된 직후 도시개량계획의 일부로 지하철 건설을 제안했다. 장기간에 걸친 토의 끝에 영국의회는 화린던 스트리트와 비숍·로드 간 6.03km의 건설을 허가했다.

1860년에는 메트로폴리탄지구 철도회사에서 건설공사를 시작하고 1863년 1월10일에 코크스를 연료로 하는 증기기관에 의한 운행이 개시되었다. 코크스를 연료로 썼기 때문에 아황산가스가 발생되었음에도 불구하고 개통 때부터 성공을 거두어 첫해의 승객은 950만명에 달했다고 한다. 1886년에는 시티 앤드 사우스 워크(City & South walk) 지하철도회사가 이른바 튜브식 노선의 건설공사에 착수했으며 1900년에는 미국 철도계의 찰스 타이슨 야크스가 런던을 방문해 튜브식 노선의 증설과 개착 복공식 공법으로 건설된 각 노선을 현대화시켰다.

제 1차·제 2차 세계대전 중에는 튜브식 지하철역이 방공호로 역할을 해 세계적으로 유명해졌다. 리버풀에 지하철이 개통된 것은 1886년이며 이 노선은 1903년에 전철화되어 지하철 전철화 제 1호를 기록했다.

최초의 지하 철도를 다니던 기관차

형태로 표현해보는 과정이란다. 그것이 흔히 말하는 추상이야."

아빠의 설명에 걸리보는 '또, 추상이야?'라는 생각이 냉큼 떠올랐다. 그러고 보니 정말로 '추상'은 우리 주변에서 늘 이루어지는 일이라는 것을 알 수 있었다.

"인간이 끊임없이 발명을 하며 발전할 수 있었던 이유는 바로 모방능력 때문이란다. 새의 비행 능력, 박쥐의 레이더 능력, 식물의 광합성 능력 등 자연의 능력을 모방하고 이용해 인간의 생활을 보다 편리하게 만들었지. 지하철도 자연의 원리를 이용한 거야. 정확한 것은 우리 백과사전을 찾아 보자."

걸리보의 질문이 부쩍 늘어나자 걸출한 씨는 아들을 위해 백과사전을 장만했었다. 백과사전은 말 그대로 우리 주변 모든 것의 설명이 들어있는 사전이었다. 걸리보가 학교에서 똑똑한 친구로 대접받는 것도 이 백과사전 덕이 컸다. 다들 궁금해 하는 것을 백과사전에서 찾아 설명을 해 주었던 것이다.

걸리보와 아빠는 함께 '지하철'이라는 단어를 찾았다.

"옳지, 여기 나오는구나. 최초의 지하철은 영국의 찰스 피어슨(Charles Pearson)이 발명했는데, 그는 두더지 구멍을 보고 지하철을 떠올렸다고 하는구나. 사람들은 처음에 그의 제안을 듣고 미친 사람 취급을 했대. 하지만 10년의 세월 동안 끈기 있게 주장한 찰스의 제안은 결국 의회를 통과하고, 세계 최초의 지하철도가 완성되었지. 백과사전을 보니 두더지의 구멍이 지하철의 원조라고 할 수 있겠구나."

"그렇군요. 그렇다면 지하철의 아이디어를 준 두더지는 어떻게 무너지지 않는 터널을 만들고 다닐 수 있는 걸까요?"

"긴 터널이 무너지지 않는 것은 그 속에 놀라운 원리가 숨어 있기 때문이야."

"놀라운 원리라고요?"

"터널에는 수학으로 설명할 수 있는 비밀이 숨어 있어. 하지만 처음부터 수학적으로 계산하면서 알고 만든 것은 아니란다. 처음에는 우리 생활 속에서 많은 관찰과 실천을 통해 알게 되는 거였어."

우리 생활 속에 터널의 원리가 숨어 있다는 아빠의 말에 걸리보는 원리가 어디에 숨어 있는지 곰곰이 생각해 보았다. 하지만 아무래도 잘 생각이 나지 않았다.

"어떤 것이 있을까요?"

"잘 생각해봐! 너희들이 어릴 때 모래사장에서 즐겨하던 놀이가 뭐였지?"

"모래집짓기나 두꺼비집 짓는 거요."

"그래, 맞다. 그 두꺼비집이 바로 아치의 원리를 이용한 것이란다."

아치 모양을 이용하면 좀더 튼튼한 다리를 만들 수도 있다. 아치는 힘의 분산 원리를 이용한 것이다. 힘의 분산이란 작은 힘들을 모아서 큰 무게를 지탱하는 것을 말한다.

아치형 구조물들은 서로를 잘 지탱하고 있기 때문에 오히려 더 튼튼하다. 아치형이 아닌 건물에서는 필요한 시멘트도 아치형 건물에서는 필요하지 않다.

우리 몸에도 아치의 원리를 사용한 부분이 있다. 바로 발이다. 발 안쪽의 오목한 부분을 잘 살펴보면 아치 형태를 이루고 있는 것을 알 수 있다. 우리가 오랫동안 달리거나 걸을 때 발이 안 아픈 이유는 이렇게 발바닥의 아치 모양이 스프링 역할을 하기 때문이다. 체중이 실리면 아치가 약간 주저앉으면서 충격을 흡수하고, 발을 바닥에서 떼면 아치가 올라가 다시 균형을 잡아준다. 발바닥의 아치는 몸무게가 발바닥에 주는 충격을 흡수하고 분산시켜 인체에 가해지는 힘을 최소화해 주는 걸작품이다.

그런데, 발의 아치가 무너져 없는 사람들이 있다. 바로 평발을 갖고 있는 사람들인데, 보통 사람들보다 발에 충격을 많이 받기 때문에 오랫동안 걸어 다니거나 뛰기 힘들다.

아치의 원리를 응용한 생활용품을 우리는 주변에서 잘 찾아볼 수 있다. 달걀을 넣어두는 판도 잘 살펴보면 아치 모양을 하고 있다. 또한 골판지 안쪽의 단면을 보면 나타나는 구불구불한 종이들도 아치를 응용한 것이다. 에스키모의 이글루도 마찬가지다. 그들은 수학 원리를 수치로 잘 나타내지는 못하지만, 분명히 그것을 이해하고 모방이라는 방법을 통해 추상화시켰다고 할 수 있다.

이렇듯 우리 주변의 자연 현상을 생활 속에서 추상화시키면 우리에게 편리한 것들을 끝없이 발명해낼 수 있다.

아치의 원리를 이용한 실험을 해 보기로 하자.

힘센 날달걀

(1) 준비물

: 달걀 2개, 테이프, 칼, 사포

(2) 실험 방법 및 과정

① 우선 바늘로 달걀 양쪽 끝에 구멍을 뚫어 속의 노른자와 흰자를 먹는다. 그후, 달걀을 가로로 놓고 정확하게 반으로 나눈다.

② 자를 부분을 연필로 표시하고 그곳에 투명 테이프를 붙여 표시된 부분을 칼로 조심스럽게 잘라낸다. 잘린 부분을 사포로 갈아 매끈하게 한다.

③ 같은 방법으로 다른 한 개의 달걀을 더 잘라낸다. 자른 달걀 껍질 4개를 엎어놓고 각각의 높이가 같은지 점검한다.

④ 엎어놓은 달걀 위에 책을 올려본다. 한 권, 두 권, 몇 권이나 올라갈까?

(3) 실험 결과

① 달걀의 높이를 정확히 맞추면 약 40~50권 정도의 교과서를 올려 놓을 수 있다.

② 달걀 껍데기가 얇은데도 단단한 이유는 그 모양이 볼록한 타원형이기 때문이다. 이것은 온갖 종류의 둥근 천장 또는 아치형 다리의 원리와 같다.

두꺼비집과 아치

두꺼비집을 만들기 위해서는 손을 대고 그 위에 모래를 덮어야 한다. 이때 모래는 약간 물기가 있는 것이 잘 뭉쳐진다. 손 위에 모래를 충분히 얹은 후 다지면 단단해져 손을 빼도 무너지지 않고 동굴이 생긴다. 그 이유는 아치의 원리 때문이다. 지하철이 지나가는 터널 또한 마찬가지다. 터널을 잘 보면 반원형으로 생겨서 불안할 것 같은데, 아치를 이루는 윗부분은 오히려 더 단단하게 이어져 있는 것을 알 수 있다.

아치는 구조적으로는 위에서 내리누르는 힘을 각 굄돌의 접촉면에 수직인 방향의 압축력으로서 하부에 전하고, 아치 밑 부분은 바깥쪽으로 벌어지려고 하는 힘이 생기지만 벽을 두껍게 만들어서 안정을 유지한다.

아치의 원리를 이용해 건축한 우리나라의 석굴암과 프랑스의 에투알 개선문

추상의 다양한 방법을 배우자

모든 사람은 **추상작업**을 하고 있다

●

≪판단력 강의 101≫이란 책을 보면 남다르게 수학적 추상을 하며 큰 돈을 번 미국인 이야기가 나온다.

때는 1948년, 2차 세계대전이 끝나고 3년이 지났을 무렵이었다. 당시 열일곱 살이었던 패트 파커는 리치먼드 근처의 롱아일랜드 해협에서 작은 보트를 즐겨 탔다. 그때 패트 파커의 머리에 불현듯 한 가지 생각이 떠올랐다. 그는 금속이 중시되던 시대에 광업을 하는 집안에서 자란 터라 세계대전 당시 금속가격 통제가 해제된 후로 납 가격이 천정부지로 치솟고 있다는 사실을 잘 알고 있었다. 그런데 십대였던 그가 타고 있는 보트의 용골(배 바닥의 중앙을 버티는 긴 뼈대)이 바로 납이었던 것이다.

그는 당장 배를 뭍으로 끌어내, 납으로 된 용골을 뜯어내고 철로 된 용골을 부착했다. 그리고는 납으로 된 용골을 보트 가격보다 더 비싼 가격에 팔고, 보트 역시 1천 달러 남짓에 팔아넘겼다. 물론 보트를 새로 산 사람에게는 용골이 철이라는 사실을 알렸다. 그가 다음에 해야 할 일은 명백했다. 다른 사람들이 타고 있는 새 보트를 사서 똑같이 한 것이었다. 열일곱 살 소년은 이런 방법으로 엄청난 돈을 벌었다. 그 해 여름에 그가 번 돈은 2만 달러였다. 이것은 현재로 따지면 거의 2억 원이 넘는 돈이었다.

패트 파커가 한 장사를 차익거래라고 하는데, 이것은 누군가에게 산 물건을 가격만 높여서 다른 사람에게 되파는 행위를 의미한다. 차익거래는 사회와 자신에게 동시에 이득을 줄 수 있다. 패트 파커는 납이 부족한 사태를 없애고 가격을 떨어뜨리는 데 도움을 주는 동시에 개인적으로는 재산을 모을 수 있었다. 추상적 사고를 하면 우리도 이런 기회를 얼마든지 활용할 수 있다.

우리는 신문이나 잡지의 헤드라인을 보고서 그 기사를 읽어야 할지 말아야 할지를 결정한다. 이것 또한 우리가 추상을 이용하는 한 방법이다. 만화의 캐리커처 역시 추상이다. 형태를 최대한 특징만 잡아내어 대상을 설명하고 있기 때문이다.

대표적인 추상화가 피카소에게 있어 황소다움이란 머리의 크기나 모양에 있는 게 아니었고, 뿔과 같은 아주 단순한 것들에 깃들어 있었다.

대상의 본질을 파악하고 요약하는 훈련을 하려면 메모습관을 키우는 것이 좋다. 작은 수첩을 갖고 다니며 관찰한 것을 기록하고 머리로 다른 것들과 연관지어 생각해보는 유추를 반복하면 대상의 본질을 더 정확하게 파악할 수 있다. 그런 다음 머릿속에 번득하고 떠오르는 영감을 잡아 그것을 스케치로, 혹은 악보로 옮겨보면 그것이 바로 추상화 작업이다.

표준 올림피아드에 대해 알아보기

표준 올림피아드 날이 다가오자 선생님은 매일 방과 후 보강 시간 때마다 여러 자료를 가져다 주셨다. 이번에 준비한 자료는 작년에 실시된 표준 올림피아드의 결과를 보도한 뉴스를 녹화한 자료였다.

아나운서 국가 산업발전은 물론 세계화에 있어서도 매우 중요한 부분을 차지하는 표준화는 과학 분야의 측정에 준하는 의미를 갖는다고 할 수 있습니다. 이런 표준화를 널리 알리기 위해 올해 네 번째로 청소년 표준 올림피아드가 개최됐습니다. 보도에 김XX 기자입니다.

기자 리포트 경남 ○○고등학교 2학년에 재학 중인 송☆, 윤△△, 오XX 학생입니다. 호기심 가득한 눈빛으로 기술에 대한 설명을 하나라도 놓치지 않기 위해 집중하는 모습은 미래 이공계 꿈나무답습니다.
이 세 명은 '동백지심'이라는 팀을 꾸려 제 4회 청소년 표준 올림피아드 본선에 참가했습니다. 냉·온수조절 눈금표시 수도꼭지 표준화라는 일상에서 발견한 참신한 아이디어로 예선을 통과했기 때문입니다.

인터뷰 송☆, ○○고등학교 동백지심팀

수도꼭지를 돌릴 때 물 온도가 계속 다르게 나오니까 불편하잖아요. 그래서 그것을 다 똑같이 만들면 좋겠다 싶어 표준 올림피아드 예선에 신청했어요. 그래서 본선에 나와서 과제물을 내고 지금 여기 와서 견학을 하고 있는데, 정말 좋은 결과가 나와서 상도 받고 그러면 좋고요.

기자 리포트 지식경제부 기술표준원은 미래 꿈나무인 청소년들에게 기술 표준의 중요성을 알리기 위해 8월 12일부터 사흘간 '제 4회 청소년 표준 올림피아드'를 개최했습니다.
지난 5월말부터 6월초까지 전국 중·고교생을 대상으로 예선과제를 공고한 결과 모두 178개 팀이 접수했습니다.
이 가운데 예선을 통과한 중등부 40개 팀과 고등부 40개 팀이 본선에 참가했습니다. 특히 이번 행사에는 학생들이 직접 산업기술시험원과 표준과학연구원을 방문해 현장에서 표준화를 체험하는 프로그램이 마련돼 눈길을 끌었습니다.

인터뷰 신○○과장, 지식경제부 표준기술기반과

미래 사회의 표준을 이끌어갈 청소년들에게 표준에 대한 관심을 높이고 표준화의 중요성을 조기에 인식할 수 있도록 하고, 글로벌 표준전쟁 시대에서 국가 경쟁력 확보에 앞장 설 표준 꿈나무를 발굴하는 발판이 될 것으로 기대합니다. 본선 진출 40개팀은 대회 마지막 날인 14일, 예선결과물 포스터 점수와 본선대회 과제해결 점수로 경합을 벌이게 됩니다.

기자 리포트 이번 대회를 통해 청소년들이 기술 분야의 핵심인 표준에 대해 바로 알게 되고 실생활 속의 중요성을 깨닫는 계기가 마련될 것으로 보입니다.

뉴스가 끝나자 선생님이 아이들에게 말씀하셨다.

"자! 잘 보았지? 표준 올림피아드는 먼저 예선을 거쳐야 한단다. 이 예선전에 각 팀이 자체 연구한 결과로 작품을 만들어 보내야 하는 거야. 이번에는 어린이 신문 뉴스를 같이 읽어 보자. 어떤 작품을 만들어야 예선을 잘 통과할 수 있을지 잘 생각해 보렴."

선생님은 걸리보와 민지, 지원이에게 어린이 신문의 기사를 복사한 자료를 건네 주셨다. 기사는 2건이었다. 한 건은 청소년 표준 올림피아드에서 대상을 받은 내용이었고, 다른 한 건은 대상을 탄 작품을 어떻게 만들었는지를 상세하게 알려주는 기사였다.

[기사1]

"지진 발생 때 사거리 신호등을 만드시오"
- 제 4회 청소년 표준 올림피아드 대회 대상 수상

　지난 8월 12일 ~ 14일까지 2박 3일 동안 열린 지식경제부 기술표준원 주최 '제 4회 청소년 표준 올림피아드 전국대회'에서 중등부 예선을 통과한 40개 팀 중 △△중학교가 영예의 대상을 수상했습니다.

　위 대회는 대한민국 중·고등학생들의 표준에 대한 인식을 넓히고 생활 속의 표준을 체험함으로서 향후 미래 표준 인적자원의 주역이 될 꿈나무를 발굴·양성하고자 지식경제부 기술표준원에서 주최한 올림피아드입니다. 예선대회의 포스터 과제와 본선 표준화 과제를 주어진 시간 안에 해결해 서로의 해결 방법을 겨루게 됩니다. 중·고등학생들에게 표준 체험학습 기회 및 과학적 사고와 창의력을 부여하고자 하는 목적을 가지고 있습니다. 중등부 40개 팀과 고등부 40개 팀이 출전하는 이 대회는 올해도 전국의 우수한 중학교 팀 및 여러 지역의 과학고, 민족사관학교 팀이 출전해 대회의 열기를 더했습니다.

　△△중학교 학생들은 우드락, 종이컵, 나무막대, 주사기, 고무관만을 이용해 신호등 체계를 만드는 과제를 선택해 다른 어떤 팀보다 창의적인 사고력과 문제해결력이 뛰어난 작품을 선보였습니다. 이에 월등한 점수 차이로 대상을 차지하게 되었습니다.

[기사2]

"지진이 일어났다. 사거리의 교통 통제를 위한 표준 신호등을 만들어라."
– 표준 올림피아드를 들썩이게 만든 대상 아이디어 2가지

지난 8월 12~14일 열린 제 4회 청소년 표준 올림피아드 본선의 문제는 '표준 신호등' 만들기였다. 주어진 시간은 9시간. 재료로는 주사기, 고무호스, 상자, 우드락, 나무젓가락, 빨대, 철사, 종이컵, 고무, 클립, 이쑤시개, 종이, 실 등이 주어졌다.

각 팀은 이들 재료를 바탕으로 각자의 아이디어를 더해 '표준 신호등'을 만들어 냈다. 이 중 '실현가능성'과 '창의력'으로 대상을 거머쥔 중학교 두 팀의 아이디어를 소개한다.

● 회전하는 판으로 도로를 막아

경기 용인시 △△중 김XX, 김○○, 심◇◇ 학생은 동력이 될 유일한 재료를 '주사기'라고 판단했다. 이들은 사각형 신호등을 설치하고 도로를 가로지르는 막음판을 달았다. 직진, 정지 신호일 때 막음판이 움직여 한쪽 방향을 막고 직진 차량에만 길을 터준다. 좌회전 신호 때는 막음판이 비스듬하게 움직여 다른 차로를 막는다. 막음판은 상자 아래로 연결된 주사기가 움직인다. 막음판의 축이 되는 판자 모서리에 호스를 부착한다. 주사기로 호스에 공기를 넣었다 뺐다 하면 막음판이 회전한다. '간편한 조작'이 평가받았다.

● 4개의 신호등을 동시 조작

인천 XX중 3학년 서○○, 박◇◇, 안△△ 학생은 빨대와 나무젓가락, 철사를 사용했다. 4개 도로의 모퉁이에 신호등을 세우고 신호등의 위로부터 차례로 정지, 직진, 좌회전, 우회전 도형을 새겼다. 도형 안 흰 종이는 정지 신호는 얼마나 남았는지, 직진 신호는 언제 시작될 것인지를 알려준다.

종이는 긴 빨대를 통해 움직인다. 4개 신호등의 빨대를 나무젓가락으로 연결해 한 번의 조작으로 모두 표시할 수 있다. 나무젓가락은 철사로 조작한다.

―――――――――――――――――――――――

기사를 다 읽은 걸리보와 민지, 지원이는 누가 뭐라고 할 것도 없이 똑같이 고개를 갸웃거렸다. 선생님께서는 감을 잡았느냐고 물어보시는데 쉽게 '그렇다'고 답을 할 수 없었다.

"선생님, 너무 어려워요. 어떤 아이디어가 좋은지 힌트 좀 주세요."

"표준화란 일상생활에서 표준이 정해지지 않아 각기 주관적인 생각에 따라 생길 수 있는 무질서를 바로잡는 작업이에요. 그러니 이것은 표준이 되면 좋겠다고 생각하는 것이라면 어느 것이라도 작품의 대상이 될 수 있어요. 책을 보거나 집안을 관찰하고 아니면 길거리를 다니면서 불편한 것을 찾아 개선방안을 찾아보세요. 편하게 생각하면 다양한 아이디어를 찾을 수 있을 거예요."

선생님의 말씀이 끝나고 걸리보와 민지, 지원이는 어떤 주제를 잡는 것이 좋은지 이야기를 해 보았다.

"음료수 단맛의 표준을 내보는 것은 어때? 너무 달면 살이 찌고 안 좋잖아."

민지의 생각이었다.

"하지만 이미 단맛에 대한 표준 같은 것은 있지 않을까? 난 햄버거 크기를 표준화하는 게 어떨까 생각해. 그러면 사람들이 햄버거를 먹을 때 크기와 양을 판단할 수 있잖아."

지원이의 아이디어는 재미있었다. 하지만 햄버거는 우리나라 음식이 아니라는 것이 조금 걸렸다. 뭔가 좀더 한국적인 먹을거리를 갖고 표준화를 하면 좋겠다고 의견을 나누었다.

"음…… 그럼 이건 어때? 내가 저번에 아빠랑 여행을 갔는데 비행기에서 기내식으로 비빔밥을 주더라고. 비빔밥은 미국이나 중동 사람들 같은 외국인도 좋아하는 음식이라고 해."

걸리보의 이야기에 민지와 지원이 귀를 기울였다.

"난 이 비빔밥을 한국인의 입에 맞는 맛부터 외국인들이 좋아하는 맛까지 기준을 만들어 10단계로 된 표준맛을 제시해보는 것은 어떨까 싶어. 사실 우리나라 사람들은 비빔밥에 고추장을 많이 넣어 먹지만, 외국 사람들은 나물의 감칠맛과 참기름의 고소한 맛을 더 좋아하고 매운맛을 싫어하잖아. 그것을 잘 표준화 하면 여러나라 사람들이 비빔밥을 맛있게 먹을 수 있지 않을까?"

걸리보의 아이디어를 다 듣고 난 민지와 지원은 재미있는 아이디어라며 흥미를 보였다.

"와, 걸리보. 그거 괜찮다. 게다가 비빔밥은 종류도 많잖아. 이것들을 표준화하면 정말 다양한 메뉴를 정확하게 제시할 수 있을 것 같아. 우리나라 고유의 음식을 홍보하는 효과도 있고 말이야!"

지원이가 걸리보를 추켜세웠다. 민지도 함께 고개를 끄덕이면서 자신은 자료를 찾아보겠다고 이야기를 했다.

"그러면 내가 오늘 집에 가서 비빔밥의 유래나 종류, 맛 등을 조사해 볼게. 걸리보랑 지원이는 어떤 기준으로 맛을 분류하는 것이 좋을지 생각해봐 줘. 비빔밥의 장점, 영양소, 외국인의 선호도 등을 자세히 고민해 보고 분류하는 것도 잊지 마."

민지의 말에 걸리보와 지원이는 고개를 끄덕였다. 민지는 얌전히 친구들의 말만 듣는 여자아이는 아니었다. 오히려 반장처럼 친구들의 일을 효율적으로 나누는 것을 잘 했다. 살짝 경쟁관계에 있는 걸리보와 최지원도 민지의 균형 잡힌 이야기 때문에 서로를 잘 돕고 있었다.

비빔밥의 표준화를 준비하다

그날 밤 거의 자정이 다 되어서 걸리보는 핸드폰 문자를 받았다. 깜짝 놀라서 확인을 해보니 민지의 문자였다.

'걸리보, 자료를 정리해서 메일로 보냈어. 내 자료가 도움이 되었으면 좋겠어.'

어떤 기준을 정하는 것이 좋은지 밤새 생각을 하던 걸리보는 컴퓨터를 켜고 민지가 보낸 이메일을 열어보았다.

"걸리보 너무 늦었지? 인터넷과 백과사전에서 비빔밥의 역사와 맛의 차이에 대해서 조사를 해봤어."

간단한 내용의 이메일이었지만, 민지의 정성이 느껴져 걸리보는 무척 큰 응원군을 둔 듯한 느낌이었다. 물론 최지원에게도 자료를 보냈겠지만, 왠지 자신에게는 더 많은 내용을 보내주었을 것 같은 기대감도 있었다.

첨부 파일을 내려 받은 후 파일을 클릭해 열어보니 비빔밥에 대한 일목요연한 조사 자료가 들어있었다.

답장　전체답장　전달　인쇄

비빔밥 관련 자료

보낸 사람 | "고민지" 〈xxxxx@xxxx.com〉　　주소록에 추가하기
보낸 시간 | 2010-00-00 00:00:00
받는 사람 | "걸리보"

비빔밥의 역사

　　비빔밥을 처음으로 언급한 문헌은 1800년대 말엽의 ≪시의전서(是議全書)≫로, 비빔밥을 '골동반(汨董飯)'으로 표기하고 있다.

지역별 비빔밥

　　비빔밥은 지방과 재료에 따라 구분되며, 각 지방마다 특색이 다르다. 하지만, 전주비빔밥과 진주비빔밥이 비빔밥의 대명사로 여겨진다. 최근에는 식단이 서구화되면서 다양한 재료를 활용한 퓨전비빔밥이 등장하기도 하고, 잊혀져가는 지방의 비빔밥을 재해석하여 색다른 관광상품으로 선보이기도 한다.

● **전주비빔밥**

　　전라북도 전주에서 내려오는 비빔밥으로, 재료 중에서 콩나물이 중요하다. 임실에서 나는 서목태(콩의 종류)와 좋은 물로 기른 콩나물은 오래 삶아도 질감이 좋은 것이 특징이다. 밥을 지을 때 쇠머리 고운 물로 밥을 짓고 뜸들일 때에 콩나물을 넣는다. 달걀노른자는 생으로 올라간다. 콩나물국과 함께 먹는다. 육수에 밥을 짓고 쇠고기, 콩나물, 시금치, 쑥갓, 고사리, 도라지, 미나리, 표고버섯 등을 얹어 고추장에 비벼먹는 따뜻한 밥이다.

- **진주비빔밥**

경상남도 진주 지방의 비빔밥으로 놋그릇에 흰밥과 다섯 가지 나물을 담은 후 고추장을 얹는데, 그 모습이 아름다워서 화반(花飯)이라고 부르기도 한다. 콩나물 대신 숙주나물을 쓰며, 해초나물과 해물보탕국을 한 국자 넣고, 그 위에 소고기 육회를 듬뿍 얹어낸다. 곁들여 먹는 국물은 선지국을 쓴다.

- **안동비빔밥 또는 헛제사밥**

실제 제사가 아니라 거짓 제삿상에 올렸던 밥을 비벼먹던 풍습에서 나왔다. 고추장 대신 간장으로 맛을 내며, 전이나 구운 생선 토막, 또는 산적을 곁들인다.

비빔밥의 장점

해외여행을 하다보면 그 나라 고유의 음식이 있다. 보통사람들이 일반적으로 좋아하는 음식을 대중음식이라고 하는데 이런 대중음식들은 대체로 싸고 맛있으며 조리가 쉽고 만드는 속도가 빠르다는 특징이 있다. 그런 측면에서 본 동북아 음식들은 비슷한 것들이 많으나, 그 맛이나 음식을 대하는 감정은 매우 다르다고 한다.

먼저 일식은 시각적인 효과를 노린 모양을 중시한다고 한다. 중국식은 아주 권위적이고 다양하고 푸짐한 것이 사실이다. 반면 한식은 생활 속 재료를 맛깔스럽게 다듬고 정리하여 요리를 만든다. 이 가운데 비빔밥은 한국의 역사와 문화를 가장 잘 나타낸 음식이다. 여러 재료의 맛이 어우러지면서도 재료 고유의 맛을 흐트러뜨리지 않기 때문이다. 단순히 시각적인 모습만을 꾸민 일본 음식이나 무엇이든 푸짐하고 화려하게 조리하는 중국의 음식과 달리 가장 친자연적인 음식이라는 점에서 비빔밥의 세계화는 충분히 가능성이 있어 보인다.

특히 다음의 기준을 보면 비빔밥은 모든 조건을 다 충족하는 가장 대중적이면서도 세계적인 음식이라고 하겠다.

1. 몸에 좋은가
2. 맛은 있는가
3. 배는 부른가
4. 얼마나 빠른가
5. 가격이 싼가

특히 얼마나 빠른가의 속도성은 재료를 미리 손질하여 준비해 놓으면 패스트푸드보다 더 빠르게 준비될 수 있다. 이런 측면에서 본다면 표준화만 잘 되면 비빔밥은 세계적인 패스트푸드 식품으로 발전할 수 있다.

걸리보는 민지가 보내온 자료를 보면서 입이 떡 벌어졌다. 역시 책을 잘 읽고 관찰하는 능력이 뛰어난 민지는 몇 시간도 되지 않는 짧은 시간에 꼭 필요한 자료들을 요약하고 있었다. 걸리보는 민지의 자료 덕분에 비빔밥의 표준화에 대해 좋은 제안을 만들 수 있을 것 같았다.

발동이 걸린 김에 걸리보는 거의 밤을 꼬박 새다시피 해 비빔밥의 세계화를 위한 표준화 계획서를 작성했다.

비빔밥 표준화에 대한 계획서

제안 설명

한국 음식의 맛은 감칠맛입니다. 먹고 난 후 다음날 또 먹고 싶은 생각이 떠오르면 그것이 한국의 맛이라고 할 정도로 감칠맛을 최고로 여깁니다. 감칠맛은 자극적이지는 않지만, 입에 오랫동안 여운이 남아 맛을 즐길 수 있게 합니다.

원래 비빔밥은 잦은 전쟁으로 고생하는 서민들의 전쟁 경험에서 나온 음식입니다. 전쟁을 치르면서 빠른 시간에 많은 사람이 다양한 복합 재료를 사용해 음식을 만들어 먹던 식습관이 전쟁이 끝나면서 음식문화로 자리 잡았습니다.

말 그대로 전쟁 중에는 빨리빨리 비벼먹고, 빨리빨리 진지를 구축하고, 빨리빨리 일하고, 빨리빨리 도망도 가야 했습니다. 그러다 보니 음식도 비벼먹는 것이 가장 편리했던 것입니다. 비빔밥은 보통 바가지나 큰 양푼에 먹었는데 한 식구 분량이나, 아니면 큰 장독 옹기 뚜껑에 주걱으로 동네 전체 분량도 다 비볐다고 합니다. 산천에 나는 몸에 좋다는 초목이나 나물을 다 삶아 재료로 삼았습니다.

이렇게 산천의 재료를 밥 안으로 들여오니 가볍게 먹으면서도 자연의 영양을 고루 섭취할 수 있다는 장점이 생겼습니다.

또한, 비빔밥을 비빌 때는 발효된 장들이나 양념들로 비빕니다. 된장,

고추장, 간장 등 여러가지 양념장들을 사용해 발효가 더 쉽게 되도록 소화 작용을 돕는 소화식으로 만들었습니다. 그러다 보니 비빔밥에는 반드시 장이 들어가는데, 여러 장 중에서도 고추장이 비빔밥 재료의 맛을 더 감칠맛 나게 살려줍니다.

하지만 고추장은 단점이 있습니다. 외국인들은 고추장의 매운맛을 우리나라 사람들보다 더 예민하게 느끼기 때문입니다. 그러므로 비빔밥이 세계화가 되기 위해서는 외국인들을 위한 표준화 된 맛을 정해 제시하는 것이 필요합니다.

비빔밥의 장점

1. 비빔밥은 채소와 나물을 주재료로 삼아 풍부한 섬유질을 공급한다. 요즘에는 학생들 중에서도 비만 학생들이 많다. 그 이유는 채소를 충분히 먹지 않았기 때문이다. 비빔밥은 그런 의미로 봤을 때 비만을 없애주는 좋은 음식이다.
2. 비빔밥은 고추장, 된장 등의 발효식품을 첨가함으로 즉석 발효를 가능하게 하는 슬로푸드이다. 만드는 방법은 패스트푸드보다 빠르지만, 정작 들어가는 재료는 자연 본연의 맛을 살리고, 재료의 성질을 최대한 살렸기 때문에 슬로푸드라고 할 수 있다.
3. 들어가는 재료들이 주로 계절 채소이므로 경제적으로도 가격이 저렴하다. 그래서 부담 없이 주문해 먹을 수 있는 장점이 생긴다.
4. 선호하는 채소의 종류와 고추장의 매운맛 정도를 표준화하여 등급을 정할 수 있다. 다양한 재료를 마련하면 사람에 따라 원하는 재료를 골라서 토핑처럼 첨가해 먹을 수 있기 때문에 수백 가지의 비빔밥이 만들어진다. 매번 똑같은 맛 만을 먹어야 하는

패스트푸드보다 종류가 더 다양하기 때문에 많은 사람들의 입맛을 사로잡을 수 있다.
5. 채소와 밥을 따로 포장할 수 있어 기내식으로도 적당하고 포장이 가능하다.

표준화 기준

비빔밥을 표준화하는 방법은 크게 세 가지로 나눌 수 있다. 밥, 채소의 종류, 매운맛 정도에 따른 표준화이다. 각각 어떻게 표준화할 수 있는지 알아보면 다음과 같다.

1. 밥의 종류에 따른 표준화
: 일반 쌀밥, 잡곡밥, 콩밥, 현미밥 등등의 구분

2. 채소의 종류에 따른 표준화
: 삼색 채소와 달걀, 오색 채소와 달걀, 팔색 채소와 달걀 등등

3. 매운맛 정도에 따른 표준화
5단계 구분
: 감칠맛 - 약간 매운맛 - 조금 매운맛 - 매운맛 - 아주 매운맛
7단계 구분
: 케첩맛 - 감칠맛 - 약간 매운맛 - 조금 매운맛 - 매운맛 - 아주 매운맛 - 독하게 매운맛

비빔밥 표준화

1. **제안의 이유**

　비빔밥은 '골동반(骨董飯)'이라고도 한다. '골동(骨董)'이란 여러가지를 섞는다는 의미며, '반(飯)'은 밥이란 뜻이니 우리말로 옮기면 '비빔밥'이다. 한국인이 즐겨 먹는 '비빔밥'이 문헌에 처음 나온 것은 1800년대 말 ≪시의전서≫란 책에서라고 한다.

　비빔밥은 미국의 유명한 스타들도 한국을 방한하면 꼭 먹는다고 할 정도로 세계인에게 인식되어 있는 음식이다. 심지어 세계보건기구(WHO) 비만대책위원장인 필립 제임스가 "비만을 예방하려면 비빔밥을 먹어야한다"고 할 정도로 건강음식으로 자리 잡았다. 사이버 외교사절단 반크가 얼마 전 외국인에게 한국 14개 분야 중 가장 관심 있는 것이 무엇이냐고 물었더니 41%가 음식을 꼽았다고 한다. 음식이 최고 관광 상품이라는 얘기다.

2. **표준화의 필요성**

　전주비빔밥은 더운 밥을 내는 양반 음식이고, 진주비빔밥은 찬밥과 내장탕을 곁들인 서민 음식이라고 한다.

　우리가 표준화 하려고 하는 비빔밥은 패스트푸드이면서 슬로푸드이다. 이를 위해서는 전주비빔밥 보다는 진주비빔밥을 표준화하는 것이 더 효율적일 것 같다. 그 이유는 패스트푸드로 만들려면 부득이하게 재료를 미리 준비해 놓고, 밥 또한 따뜻한 밥 보다는 찬밥을 이용하는 것이 음식의 형태도 흐트러지지 않고, 오랫동안 밥을 보관할 수 있기 때문이다. 찬밥을 가지고 조리하는 것이 더 적당할 것 같아 진주비빔밥을 중심으로 표준화를 먼저 하려고 한다.

3. 진주비빔밥의 재료

비빔밥은 전 세계에서 한국에만 있는 음식이라고 한다. 인도의 카레라이스, 일본의 덮밥, 이탈리아의 리조또, 중국의 볶음밥 등이 있으나 비빔밥과는 근본적으로 다르다.

이들 요리는 음식 재료를 미리 섞어서 밥 위에 얹은 것이지만 비빔밥은 재료 하나 하나를 얹어낸 뒤 먹는 이가 이를 취향에 맞게 비벼서 먹는 게 다르다. 비빔밥의 맛을 결정하는 중요한 요인은 각각의 재료가 최적의 상황에서 어우러질 수 있도록 양념의 맛과 양을 조절하는 것이다. 전주비빔밥이 풍성한 재료를 화려하게 사용한다면 진주비빔밥은 소박하다. 대체로 다음의 재료들이 사용된다.

소고기　숙주　고사리　도라지　시금치
호박　가지　버섯　달걀 지단　부재료: 고추장, 참기름

4. 표준화 대상

비빔밥 맛을 좌우하는 건 고추장과 참기름이다. 비빔밥에 들어가는 나물이나 고명은 아주 다양하지만 맛에 큰 영향을 미치지는 않는다. 하지만 고추장이나 참기름의 매운 정도와 순도에 따라 비빔밥의 맛은 크게 달라진다.

나물이 찬 성질을 띤 음식이라면 고추장과 참기름은 따뜻한 성질의 식품이다. 음(-)의 성질인 나물과 양(+)의 성질인 참기름이나 고추장이 서로 어울려 조화로운 맛을 내는 것이다. 또한 육회나 볶은 소고기 혹은 달걀 같은 단백질과 탄수화물이 만나 조화를 이루기도 하고, 노란 색의 콩나물과 초록색의 시금치, 흰색의 도라지와 갈색의 고사리가 대비를 이루며 색의 조화를 이루기도 한다. 이것들이 모여 비빔밥의 품격을 높여준다. 또한 필수아미노산과 지방산 등이 풍부해 영양분도 충분히 공급해줄 수 있다.

5. 표준화 방법

① 나물의 종류

1) 생채소를 넣은 채소 비빔밥
2) 볶은 나물을 넣은 나물 비빔밥
3) 해초를 넣은 해초 비빔밥
4) 새싹 채소를 넣은 새싹 비빔밥
5) 기타 각종 재료를 적당히 혼합한 비빔밥

② 매운맛

매운맛은 크게 5단계와 7단계로 나누었는데, 7단계는 너무 많으므로 5단계로 구분한다.

a) 감칠맛 - 덜 매운 고추장 약 50%에 케첩 50%
b) 약간 매운맛 - 덜 매운 고추장 70%에 된장 30%
c) 조금 매운맛 - 태양초 고추장 80%에 된장 20%
d) 매운맛 - 태양초 고추장 90%에 된장 10%
e) 아주 매운맛 - 태양초 고추장 100%

6. 주문 및 조리 방법

표준화 ①에 표준화 ②를 적용한 25가지의 비빔밥을 표준화해 메뉴로 개발한다.

예) 1-a: 채소 비빔밥 감칠맛
4-d: 새싹 비빔밥 매운맛
3-e: 해초 비빔밥 아주 매운맛
5-b: 혼합 비빔밥 약간 매운맛

이상과 같이 25개의 메뉴를 표준화해 이를 기준으로 먼저 5종류의 기본적인 도시락을 만들고 이에 대한 소스를 5가지로 만들어 튜브로 만든다. 이렇게 하면 25가지의 메뉴가 만들어지며 고객들은 자신이 선호하는 메뉴를 주문해 다양한 입맛에 맞출 수 있게 된다.

7. 결론

　진주비빔밥은 임진왜란 당시 진주성 전투에서 유래했는데, 빨리 간단하게 먹을 수 있으면서도 영양소를 고루 함유해 진주성 전투의 숨은 공신이라는 찬사를 받기도 했다.

　다양한 재료의 어울림은 비빔밥에서 부족할 수 있는 영양소까지 두루 보완해줘 완전식품으로 손색이 없다.

　해외에까지 진출할 수 있는 최고의 경쟁력 있는 음식은 바로 비빔밥이다. 이 비빔밥을 25가지의 표준 메뉴로 개발한다면 전 세계인의 입맛에 맞는 한국의 대표 음식이 될 것이다.

5

추상의 본질은 진리에 대한 탐색이다

다양한
표준화 아이디어들

·

자연관찰반 선생님께서는 걸리보와 민지, 지원의 팀에게 뿐만 아니라 자연관찰반 아이들에게도 '추상'에 대한 개념을 알려주시며 다양한 표준화 아이디어를 공모했다. 자연관찰반 친구들은 재미있는 아이디어를 많이 만들어 내었다. 주변을 살피니 표준화할 것들이 무궁무진했기 때문이다. 걸리보와 민지, 지원이는 표준 올림피아드를 준비하기 위해 미리 보충수업을 받고 있었기 때문에, 자연관찰반 선생님의 훌륭한 보조교사 역할을 할 수 있었다. 또한 친구들이 아이디어를 구체화하고 추상화하는 작업을 함께 도와주면서 또 다른 새로운 아이디어를 얻을 수 있었다.

1조의 성민이와 준서는 샴푸의 1회 사용량을 제한하는 펌프를 만들었다.

요즘 대부분의 가정에서는 매일 머리를 감기 때문에 대용량의 샴푸를 사용한다. 그런데 샴푸는 펌프를 누르면 어떨 땐 많이, 어떨 땐 적게 나와서 양을 쉽게 가늠하지 못하는 단점이 있었다.

이것을 표준화하는 아이디어는 다음과 같다. 한 번 누르면 짧은 머리를 감을 만큼, 두 번 누르면 중간머리를 감을 만큼, 세 번 누르면 긴머리를 감을 만큼의 샴푸가 나오도록 펌프의 양을 조절했다. 샴푸의 펌프는 누르는 깊이만큼 나오기 때문에 누르는 깊이를 3단계로 조절하는 장치를 달면 양이 쉽게 조절된다.

2조의 형석이와 채린이는 공부하는데 좋은 스탠드의 밝기 표준을 정했다. 우선 가장 편하게 공부할 수 있는 밝기를 친구들에게 설문조사를 했다. 조사를 해 보니 햇빛이 가장 밝은 한낮이 아니라 오히려 해가 뜨는 아침의 밝기라는 것을 알 수 있었다. 이것을 기준으로 날씨에 따라 밝기를 조절하는 방법을 표준화하는 것이 좋겠다는 제안을 했다.

스탠드에 기준 밝기의 수치를 저장한 칩을 내장한 후 스탠드 외부에 밝기 센서를 만들어두면, 저절로 가장 적당한 밝기를 만들어주는 스탠드가 만들어질 것이라는 것이 2조의 아이디어였다.

걸리보와 민지, 지원이 세 친구는 서로 도와주면서 최대한 충실한 보고서를 만들기 위해 노력했다. 또한 밋밋한 보고서 형식을 벗어나기 위해 친구들의 도움도 많이 받았다. 특히 방송반 친구들은 물심양면으로 '단무지'팀을 도와줬다.

'단무지'팀은 방송반 친구들의 도움 덕분에 비빔밥의 표준화를 위한 구상과 과정, 그리고 결과물들을 다큐멘터리 형식으로 만들 수 있었다. 포트폴리오와 함께 영상물을 제출하면 더욱 심사위원들의 주목을 끌 수 있을 것이라고 생각했기 때문이다.

"여러분, 기뻐할만한 소식이 있어요. 우리가 제출한 '비빔밥 표준화' 아이디어가 예선을 통과했다고 해요."

방과후 수업 시간에 자연관찰반 선생님께서는 아이들에게 '단무지' 팀의 예선 통과 소식을 알려주었다.

"와~, 대단해!"

"야! 축하한다. 걸리보, 고민지, 최지원."

친구들은 걸리보와 민지, 지원에게 아낌없이 축하해 주었다. 선생님께서는 '단무지'팀 학생들을 교단 앞으로 나오게 한 후 한 마디씩 소감을 말해보라고 하셨다.

"너희들이 다양한 아이디어를 줘서 우리가 예선을 통과할 수 있었던 것 같아. 오히려 내가 더 고마워."

걸리보는 '단무지'팀 대표에 걸맞게 친구들에게 감사의 인사를 했다.

"여러 자료를 함께 찾아준 친구들에게 고마워. 내가 책을 찾을 때마다 옆에서 도움을 줬던 지혜도 고마워."

자료 수집 담당이었던 민지는 자신의 일을 도와준 친구에게 감사 인사를 했다.

"사실 우리의 아이디어 외에도 이번에 자연관찰반에서 만들어낸 표준화 아이디어들은 모두 주옥같아. 정말 좋은 공부가 되었고, 덕분에 우리 주변의 다양한 과학 원리를 살필 수 있게 돼서 좋았어."

지원이는 표준화 작업을 통해 자신이 배운 것들에 대한 소감을 정리해 말했다. 세 친구는 다시 한 번 진심으로 친구들에게 감사하다는 인사를 하고 자리로 들어갔다.

"자! 자! 그럼 이제 우리 모두 표준화와 추상에 대해 좀더 깊이 공부를 해봐요.

추상화 작업을 잘 하면 사물의 본질을 깨달을 수 있고, 무엇이 중요한지를 판단할 수 있는 눈도 길러진답니다. 꼭 올림피아드에 나가지 않아도 우리 모두에게 추상화 과정은 반드시 필요한 과정이니 열심히 공부해 봐요."

그동안 아이디어를 모았던 아이들은 선생님의 말씀에 이구동성으로 크게 대답을 했다.

"네!"

종이로 의자를 만들어라

"오늘의 과제는 과연 종이를 가지고 의자를 만들 수 있을까 하는 거예요."

"종이로 의자를 만든다고요?"

자연관찰반의 추상화 수업은 겨울방학 전까지 매주 꾸준하게 이루어지고 있었다. 선생님께서는 매번 엉뚱한 아이디어를 가져와 아이들이 다양한 상상력과 관찰력을 발휘할 수 있도록 해주셨다.

"관찰과 상상, 그리고 추상이라는 방법을 통해 종이로 의자를 만들 수 있는 방법을 요약해서 만들어 보세요."

선생님의 말씀에 교실 여기저기에서는 살짝 투덜거리는 소리가 흘러나왔다. 종이를 갖고 실제로 의자를 만든다는 것이 쉽게 상상이 되지 않았기 때문이다.

"만들 수 없다고 벌써부터 부정적으로만 생각하지 말고 만들 수 있다는 생각으로 도전해 봐요. 의자를 만들기 위해서는 무엇부터 파악을 해야 하는지를 생각해 보고요. 선생님이 힌트를 하나 줄게요. 우리가 의자에 앉을 때 가장 중요하게 살펴봐야 할 것이 뭘까요?"

"앉았을 때 의자가 부서지지 않아야 해요."

"편하게 앉으려면 의자 다리가 균형을 잡아야 해요."

"앉는 곳이 뾰족하면 엉덩이가 찔려서 아프잖아요. 그러니 앉을 곳을 편평하게 만드는 것도 중요해요."

아이들은 저마다 생각나는 특징들을 이야기했다.

"이것 보세요. 해결책은 여러분이 모두 갖고 있잖아요? 지금 여러분들이 한 이야기를 잘 생각해서 그것을 어떻게 구체적인 아이디어로 만들 것인가 생각하다보면 종이로 의자를 만들 수 있는 방법을 떠올릴 수 있을 거예요."

걸리보와 민지, 지원이는 표준 올림피아드를 준비하기 위해 따로 조가 되어 문제를 풀었다.

"걸리보, 괜찮은 아이디어가 있어? 지원아, 너는 어때?"

"우리가 의자를 만들기 위해서는 우선 종이의 특징을 알아봐야 할 것 같아."

지원이의 의견에 걸리보와 민지도 동의했다. 우선 함께 종이의 특징에 대해 이야기해 보기로 했다.

"종이가 튼튼해지려면 어떻게 되어야 하지?"

" '백짓장도 맞들면 낫다'라는 속담이 있잖아. 그 말은 종이 한 장은 힘이 약하

지만 여러 장을 겹쳐 놓으면 힘이 강해진다는 의미인데, 이것을 의자를 만들 때 적용하면 좋을 것 같아."

역시 책을 많이 읽은 민지였다. 종이의 특성을 속담과 연결해서 유추해내는 능력에 걸리보는 속으로 감탄을 했다.

"선생님께서는 종이를 얼마나 써야 한다는 양에 대해서는 말씀하신 적이 없으니 그것도 방법이긴 하겠다. 하지만 종이를 모아 놓는다면 나무를 그냥 사용하는 것과 별 차이가 없잖아. 그리고 별로 재미도 없고. 나도 생각해 봤는데, 종이를 무조건 쌓아서 의자를 만드는 것 보다는 종이접기 방법을 이용하는 것이 어떨까 싶어. 종이접기 책을 보면 의자 접기가 있잖아. 그것을 이용해보는 것도 좋을 것 같아. 접힌 종이는 서로 힘을 더 세게 받아서 튼튼할 거라고."

지원이의 생각도 괜찮았다. 그런데 문제는 두꺼운 종이로 종이접기를 하다보면 정확도가 떨어질 수 있다는 점이었다.

"종이를 꼭 편평하게 사용할 필요는 없잖아. 동그랗게 말아서 여러 겹 쌓는다면 가벼우면서도 튼튼한 의자를 만들 수 있을 거야."

걸리보의 아이디어에 지원이가 고개를 갸웃거렸다.

"그게 어떤 원리인 거지?"

"종이를 접어 아치 형태로 만들면 어떨까? 우리가 여름 방학에 바닷가에 가면 모래사장에서 두꺼비집을 만들며 놀았잖아. 두꺼비집은 동그랗지만 잘 무너지지 않잖아. 그게 바로 아치의 원리인 거야."

걸리보의 설명을 듣고서야 민지와 지원이는 고개를 끄덕였다.

"종이를 둥글게 말아 아치 모양으로 만들 수 있다면 힘을 받을 것 같아."

걸리보는 떠오른 아이디어를 아이디어 노트에 적었다. 그리고 머릿속에 떠오른 형상대로 스케치를 했다. 이렇게 머릿속에 상상이 떠오를 땐 생각으로만 그칠 게 아니라 스케치를 해두는 것이 좀더 구체화될 수 있다.

"그럼 우리 한번 만들어 보자."

"아직 장담은 못 해. 우선 만들어 봐야 하거든."

걸리보의 말에 민지가 제안을 했다.

"그럼 우리 우선 인터넷으로 한번 검색해 볼까?"

"응, 그래. 하지만 대회에서는 아마 인터넷 검색은 불가능할 거야."

"그렇다면 보지 않는 것이 좋겠어."

지원이의 말에 걸리보와 민지도 동의를 했다. 인터넷을 보고 아이디어를 짜는 것은 온전한 '단무지' 팀의 아이디어가 아닌 것 같았기 때문이다.

걸리보와 민지와 지원이는 서로 상의해서 스케치를 한 다음 스케치를 한 대로 종이를 오리고 접기 시작했다. 우선 종이접기로 아치와 같은 타원형을 만들 수 없기 때문에 아치와 비슷한 형태의 주름을 접었다. 주름이 여러 번 잡히면 원리상 아치와 같아질 것 같다고 생각했다. 그래서 아이들은 여러 번의 주름이 잡히도록 해서 석장의 다발을 만들었다.

다발을 만든 다음 세 개를 서로 엇대어 붙였다. 그랬더니 재법 튼튼한 다리가 되었다. 튼튼한 다리 세 개 위에 다시 주름이 잡힌 다발 양면에 두꺼운 종이를 엇대어 발판을 만들었다. 발판은 엉덩이가 닿는 부분으로 만들어 이미 만든 세 개의 다리 위에 얹었다. 이렇게 만들고 보니 모양이 그럴싸했다.

만들고 난 후 다른 친구들의 작품을 살펴봤는데 다양한 모양의 의자가 여러 개 만들어져 있었다. 선생님은 만들어진 의자를 보시고 평가를 해 주셨다. 아쉽게도 걸리보 팀의 작품은 3등에 그쳤다.

1등을 한 친구의 작품의 의외로 간단했다. 큰 마분지 4장으로 만들었는데 다음과 같았다.

　　먼저 종이 두 장을 세 번 접는다. 그리고 접은 종이의 넓은 부분에 각각 가로로 종이를 붙여 움직이지 않게 만든다. 그런 다음 엉덩이 덮개를 그 위에 덮을 수 있게 하고 그곳을 전체적으로 접을 수 있게 만들어 휴대용처럼 갖고 다닐 수 있게 만들었다. 종합적으로 볼 때 종이라는 약한 재질이지만 내리 누르는 힘을 견딜 수 있게 주름을 만들어 받침대를 만들고 그것을 펼친 상태에서 덮개가 놓였을 때 힘을 고루 받게 만든 것이 아주 예술이었다.

　　선생님은 다양하게 만들어진 종이 의자를 보면서 아이들에게 질문을 하셨다.

　　"의자는 무엇을 기준으로 의자라고 할까? 누가 이야기 해볼까? 준서가 이야기해 볼래?"

　　"음…… 앉는 것이요."

　　"꼭 의자만 앉을 수 있는 걸까?"

　　"그건 아니지만 의자 고유의 기능은 앉는 것 같아요."

　　"그러면 우리 이렇게 한 번 생각해 보자. 우리가 앉는 의자를 '책상'이라고 해 볼까? 그리고 책상을 의자라고 부르기로 하고 말이야."

　　선생님의 말씀에 아이들은 말이 안 된다며 웅성거렸다. 그중에서도 형석이는 선생님께 직접 질문을 했다.

　　"에이, 그건 안 되죠. 의자를 어떻게 책상이라고 하고, 책상을 의자라고 해요?"

　　"하지만 철학자 중에 버트런드 러셀이라는 사람은 그런 고민을 했었어요. 그는 자신이 쓴 책 ≪철학이란 무엇인가≫에서 책상에 대한 이야기로 철학 이야기를 시작하거든요."

추상을 하기 위해서는 **사물의 본질**을 제대로 알아야 한다

책상은 어떻게 보이는가? 멀리 떨어져서 보고, 현미경으로 보고, 쪼개어 본다. 관찰의 방법이 달라짐에 따라 당연히 결과도 달라진다. 여기서부터 철학자 러셀은 고민을 시작한다.

책상이라는 눈에 보이는 사물의 뒤에 있는 진짜 실제는 과연 무엇일까?

어린이 여러분들 중에는 '무슨 쓸데없는 고민이냐?'고 오히려 반문을 할 수도 있겠다. 하지만 이토록 사물의 본질에 대해 고민을 하는 것은 철학자들의 일이라고 할 수 있다.

만약 아무것도 의심을 하지 않는다면 사람의 생각은 더 이상 발전하지 못하고 그 자리에 머물러만 있을 것이다. 이렇게 눈에 보이는 물건의 추상적인 모습, 즉 본질에 대한 고민을 하는 것을 '철학적 사유'라고 한다.

늘 습관적인 관찰, 습관적인 생각, 습관적인 믿음에 빠져서 사물의 진짜 모습을 추상하는 힘이 없어진 사람은 일생을 편견 속에 갇혀살 수밖에 없다. 그러면서 우리 주변의 대상에 대해 어떤 의문도 제기하지 않는다.

"우리가 관찰을 통해 뭔가를 상상하려면 먼저 사물의 본질을 알아야 해요. 모든 사물이 가지고 있는 본질을 제대로 알아야 그것을 바로 보든지 비틀어 보든지 할 수 있는 거지요."

이토록 사물의 본질을 찾는 작업이 바로 철학이다. 우리는 여기서 철학에 대해 좀더 이야기해 보자.

'이 세상의 진짜 본질이 무엇일까' 하는 고민은 고대의 사람들도 늘 해오던 고민이었다.

역사상으로 이런 고민을 가장 먼저 한 철학자는 그리스의 철학자 탈레스였다. 그는 만물의 본질이 물로 이루어져 있다고 생각했다.

그는 만물의 근원을 그리스어로 '아르케(arche)'라고 했는데, 지금 우리가 알아보고자 하는 본질, 혹은 제 1원인 같은 것이다. 즉 추상의 추상이라고 할 수 있다. 탈레스는 이 아르케를 '물'이라고 보았다.

반면 플라톤이라는 철학자는 이 세상의 아르케가 '이데아(idea)'라고 보았다. 플라톤이 생각할 때, 신기하게도 그리스에 있는 의자와 영국에 있는 의자가 똑같은 걸 발견했다. 그리고 그리스에 있는 책상과 영국에 있는 책상도 똑같은 모양이었다. 그는 여기에 의문을 품었다. 어떻게 한 번도 서로 만난 적이 없는 사람들이 만들어낸 물건이 모양과 용도가 똑같을까? 이러한 절대적인 표준을 만든 원인은 무엇일까? 이런 의문을 품게 된 것이다.

여기서 플라톤은 이런 상상을 하게 된다.

"어쩌면 모든 인간은 천상(영적인 세계)의 세계에서 오는 것은 아닐까?"

즉 사람들이 말이 다르고 사는 곳이 달라도 집의 모양도 똑같고 마차의 모양도 똑같고, 심지어 옷을 만드는 모양도 똑같은 이유는 원래 다 같이 천상의 세계에 살다가 이 땅에 와서 각기 다른 곳에 살게 되었기 때문이라는 결론을 내린다. 사람들은 천상의 세계에 있던 것을 기억했다가 다시 만들어낸다고 본 것이다.

이러한 생각의 탄생을 플라톤은 '이데아'라고 했다.

참된 존재인 이데아는 저 하늘에 있고 우리가 땅에서 보는 것은 그림자(복제)에 불과하다는 것이 이데아 이론이다.

여기서 '이데아'는 다른 무엇이 아니라 '원리' 또는 '형상', 또는 '설계도'로 번역될 수 있는 근원 그 자체다. 그래서 모든 사람은 상상을 통해 만물의 설계도인 원리를 본질을 찾는 추상이라는 방법을 통하여 새로운 사물로 만들어낼 수 있다.

"플라톤의 이 이야기는 모든 사물은 보이는 겉모습이 다는 아니라는 이야기예요. 즉, 많은 사람들은 종이가 약하기 때문에 의자를 만들 수 없다는 생각에 사로잡혀 있었어요. 이런 생각을 하면 절대로 종이로 의자를 만들 수 없지요. 하지만 종이도 어떤 원리를 대입하니 얼마든지 단단해지고 결국 의자의 본질인 무게를 지탱하고 쉽게 만드는 구조물로 만들 수 있게 되는 거예요. 그러니 사물의 본질을 생각하는 '추상화 과정'은 생각을 만들어내는 도구가 되는 거예요."

선생님의 말씀에 그제서야 아이들은 '추상화 작업'이 왜 그토록 중요한지 알 수 있었다. 단순하게 요약하고 본질을 찾는 것뿐만 아니라 더 나아가 남들이 생각하지 못했던 아이디어를 떠올리고 창의력을 키우기 위해서는 반드시 '추상화 작업'을 해야 한다는 뜻이었다.

표준화 원칙으로
시계 만들기

● ● ● ●

드디어 올림피아드 대회의 날이 밝았다. 천안에 있는 독립기념관에는 전국에서 모인 초등학교 40개 팀, 중·고등학교 40개 팀이 모여 북적거리고 있었다.

오전 10시가 되자 주최측에서 연구 주제를 발표했다.

"오늘의 주제를 말씀 드리겠습니다. 여러분들에게 나누어 드리는 재료로 시계를 만드는 것입니다. 여러분들이 비행기를 타고 가다가 무인도에 불시착했다고 생각해보세요. 하루의 시간과 또 달력을 기록할 수 있는 시간표를 생각해 주어진 재료를 가지고 가장 근접한 시계를 만들어 보세요."

시계의 재료로는 이쑤시개와 고무줄, 나무젓가락, 연필, 그리고 하드보드지와 패트병, 깡통, 종이컵 등을 나누어 주었다. 학생들은 재료를 받고서 삼삼오오 모여 토론을 시작했다. 예선을 통과한 팀들의 모습을 보니 어느 한 팀도 만만한 팀이 없는 것 같았다. 걸리보와 민지, 지원이는 살짝 긴장하고 있었다. 걸리보는 이전 대회와는 다른 분위기에 상을 타기가 쉽지 않다는 생각이 들었다. 하지만 그 동안 선생님과 친구들과 함께 공부하고 연구한 것을 바탕으로 최선을 다한다면 좋은 결과를 얻을 것이라고 마음을 고쳐먹었다.

걸리보는 '단무지' 팀과 함께 토론을 시작했다. 한 사람의 지혜보다 여러 사람이 지혜를 모으면 더 좋은 아이디어가 나올 수 있기 때문이었다. 그것을 브레인스토밍이라고 한다.

"먼저 시계가 될 만한 것이 무엇이 있는지 알아보자."

걸리보는 팀의 리더답게 첫 토론의 주제를 제안했다.

"시계가 될 만한 것?"

"응, 물시계, 해시계, 아님 모래시계처럼 어떤 시계로 만들어야 할 것인지를 정해야 그에 맞게 재료를 정하지 않을까?"

민지의 질문에 걸리보가 자신의 생각을 이야기했다.

"어떤 시계를 먼저 만들어야 우리가 정확하게 시간을 맞추지?"

"지금 있는 재료들로 보아서는 물시계를 만들기도 힘들고 해시계도 만들기가 좀 그렇고, 모래시계는 더더욱 그렇잖아?"

지원이는 이미 재료들을 꼼꼼하게 살피고 있었다.

"아무래도 해시계가 가장 무난할 것 같은데?"

걸리보의 말에 지원이는 이해가 잘 안 간다는 듯이 고개를 갸웃거렸다.

"어떤 면에서?"

"문제로 나온 시계는 무인도에서 하루의 시간과 달력을 기록할 수 있는 시계라고 했잖아. 그러려면 하루 중 언제인가를 알아야 하잖아."

"응, 그래."

"그런데 물시계나 모래시계는 기준 시간이 없으니 정확하게 지금이 몇 시인지는 알려주기 힘들잖아?"

"그렇구나. 물시계나 모래시계는 시간의 길이는 알려줄 수 있어도 정확하게 하루의 몇 시인지는 알려주기가 힘들겠구나. 걸리보 네 말대로 해시계를 만드는 것이 좋을 것 같아."

"맞아! 하지만 이것도 생각해 봐야 하지 않을까? 해가 없는 밤이나 비오는 날에는 어떻게 시간을 알 수 있지?"

"그렇다면 낮에는 해를 보고 측정하고, 밤에는 별이나 달을 보고 측정하면 안 될까?"

민지의 질문에 지원이가 자신의 아이디어를 더했다.

"하지만 우리가 시계를 만들만큼 별이나 달에 대한 지식이 없잖아?"

걸리보가 걱정스러운 듯이 말했다.

"그럼 밤에는 아무래도 물시계나 모래시계로 시간을 재야겠구나."

민지의 말에 지원이가 맞장구쳤다.

"그렇지!"

"그럼 해시계와 물시계를 동시에 만들어 시간을 잴 수 있는 아이디어를 고민하는 것이 좋겠다."

"그래! 그게 좋은 생각이다."

친구들의 의견을 들은 걸리보는 의견을 모아 정리했다. 그러니 민지와 지원이도 불만 없이 걸리보의 생각에 동의했다.

'단무지' 팀의 다음 난관은 물시계의 시간을 정할 표준을 만드는 일이었다. 밤을 12시간으로 나누는 방법은 어떤 것이 있을까?

걸리보가 난감해하고 있는데 민지가 해결책을 제시했다.

"해시계를 정확하게 만들 수 있다면 그 해시계가 1시간의 간격을 알려줄 거잖아. 그 해시계의 시간을 보고서 물시계의 표준을 정하면 되지 않을까?"

그러면서 민지는 계속 설명을 이어 나갔다.

"패트병에 물을 가득 담고 구멍을 뚫어 천천히 물이 나오게 하는 거야. 그런데 이 물이 정확히 한 시간에 다 떨어지게 하는 거야. 작은 구멍을 뚫어 조금씩 조금씩 측정을 해야지. 그래서 가장 근접한 구멍을 만들어 한 시간이면 정확히 물

시계의 본질

≪엄마가 키워주는 굿모닝 초등 사고력≫이란 책에 보면 아주 재미있는 구절이 나온다.

'고요한 새벽 산사에서 울리는 종소리, 아침마다 울어대는 닭의 부르짖음, 숨쉬기와 맥박, 철학자 칸트가 산보하는 때, 나무들의 나이테, 하늘에 떠 있는 태양의 그림자, 점점 커지고 작아지는 달, 밤에 빛나는 별, 통장에서 빠져나가는 전화요금…'

이들의 공통점은 무엇일까? 바로 '시계'다. 시계가 될 수 있는 자격은 무엇일까? 규칙적이며, 반복적이고, 또한 나누어질 수 있으며, 여러 사람에게 동일하게 인식되는 것이면 무엇이든지 시계가 될 수 있다. 꼭 기계로 만들어진 것이 아니더라도 자연의 모든 것이 시계의 역할을 하고 있다. 하루의 움직이는 태양도 그렇고 달, 나무는 시간만큼 자라니 시계가 될 수 있고 물도 시간만큼 흐르니 물시계가 된다.

시계는 하루라는 시공간을 24개의 요소로 나누어 놓았다. 그때부터 시계가 기계화된 것이다. 그리고 좀더 정확하게 나누기 위해 톱니바퀴가 사용되었다. 그러면 왜 나누었을까? 인간의 이성적 사고는 이 세계를 나누어야만 가능하다. 불규칙한 것들, 우연적인 것들, 불연속적인 것들을 제거하고 규칙적이며, 연속적이며, 반복적인 것들을 찾아내거나 만들어야만 이성적 사고, 논리적 사고, 합리적 사고가 가능하다. 이것이 나눗셈을 배우는 이유이고 추상을 알아야 하는 이유다.

이 다 떨어지게 만든 다음 구멍이 조절 안 되는 미세한 양은 물의 높이로 조절을 하면 될 것 같아. 떨어지는 물은 밑에 깡통을 받쳐 다시 부으면 되잖아."

민지의 이야기는 물시계의 표준을 만들기 위해 해시계의 표준을 이용하는 것이었다.

"물시계가 제대로 만들어지면 흐린 날에도 시간을 알 수 있으니 걱정하지 않아도 되겠다. 그리고 하드보드지로 시계 모양을 만들어서 한 사람씩 계속 돌아가면서 시계바늘을 돌려놓으면 되겠구나."

"나도 아이디어가 떠올랐어. 해시계는 분까지 정확하게 알 수는 없잖아. 그런데 우리가 물시계를 한 시간이 걸리는 구멍을 뚫었다면 그 구멍으로는 물이 일정하게 빠질 것 아니야. 이때 패트병에 물이 빠지는 양을 측정하면서 눈금을 6등분 하면 한 눈금이 10분을 가리킬 거야. 이 눈금을 보고 해시계의 시간에 물시계의 눈금을 더한다면 우리는 시간과 분을 다 측정할 수 있을 거야."

이번에는 지원이가 자기의 아이디어를 보탰다.

"우와, 우리팀 진짜 대단하다. 그럼 이제 진짜 만들어 보자."

걸리보, 민지, 지원이의 '단무지' 팀은 해시계를 기반으로 한 물시계와 그것을 한 눈에 알아볼 수 있는 아날로그 바늘 시계를 혼합한 제품을 만들기로 해다.

다음은 해시계와 물시계의 제작과정을 정리한 것이다. 여러분들도 한번 같이 만들어 보면 좋겠다.

해시계 만드는 법

1. 먼저 종이컵을 잘라 반원구로 만든다.
2. 종이컵의 반원구 위에 12시간을 분할하는 눈금을 만든다.
3. 반원구의 중심에 이쑤시개를 꽂아 시계바늘 그늘을 만든다.
4. 해의 방향(계절에 따라 해의 방향이 달라짐)에 따라 이쑤시개의 바늘을 조절해 정오(12시)를 정하고 그림자의 방향을 좌(오후) 우(오전)로 6개씩의 눈금을 정한다.
5. 해의 방향이 지정해주는 시간을 종이로 만든 아날로그 시계의 긴바늘을 옮겨가며 표시한다.

물시계 만드는 법

1. 해시계의 한 시간을 기준으로 물이 빠지는 양을 정하면 된다.
2. 패트병에 물을 가득 담고 가장 작은 구멍을 뚫어 사이즈를 조절해가며 구멍을 만든다.
3. 패트병으로 한 시간짜리 물시계가 만들어지면 패트병을 6등분하여 10분 단위의 눈금을 만든다. 이때 떨어지는 물은 깡통에 받아 재활용한다.
4. 물이 빠지는 정도에 따라 분을 확인해 종이로 만든 아날로그 시계에 표시를 해서 시간과 분을 표시한다.
5. 밤에는 물시계만을 이용해 시간을 표시한다.
6. 종이로 만드는 아날로그 시계는 하드보드지와 나무젓가락으로 만든다.

오후 5시경, 거의 모든 팀들이 자신들이 만든 작품을 제출하고 삼삼오오 모여 저녁을 먹었다. 걸리보와 함께한 단무지팀도 선생님과 저녁을 먹게 되었다.

"여러분 정말 오늘 수고 많았어요. 선생님은 여러분 작품이 최고라고 생각해요. 한 학기 동안 '추상'에 대해서 열심히 배우고, 그것을 실제로 좋은 작품으로 만들어낸 모습을 보니 얼마나 여러분이 대견스러운지 몰라요."

단무지팀 아이들을 바라보는 자연관찰반 선생님은 눈이 반짝반짝거렸다.

"그리스의 철학자 아리스토텔레스는 이 세상에서 눈에 보이는 모든 사물은 단순화 시키면 두 가지의 구성 요소만 남는다고 했어요."

"두 가지 구성 요소요?"

"그래요! 자, 여러분이 조금 전에 해시계를 만들 때 사용한 종이컵을 예로 들어 설명해 보죠. 이 종이컵은 어떤 목적을 위해 만들어 졌을까요?"

"그야 물을 담기 위해서 만들어진 거죠."

"맞아요. 그런데 보통 물을 담기 위해서는 나무나 플라스틱이 주로 사용되고 종이는 잘 사용하지 않잖아요?"

"그래서 파라핀으로 코팅을 한 거 아닌가요?"

지원이가 종이컵의 원리를 알고 있다는 투로 말했다.

"종이는 물을 먹으면 흐물흐물 힘이 없어지기 때문에 물이 침투하지 못하도록 파라핀으로 왁스를 칠한 거예요. 종이가 컵이 되기엔 불충분한 조건을 파라핀이 보완을 해준 거지요. 이때 종이와 파라핀이 이 컵의 구성 재료가 되는 거예요. 모든 컵은 목적이 되는 어떤 형상과 그 목적을 이루기 위한 재료로 구성되어 있어요. 아리스토텔레스는 세상의 모든 것은 질료(material)와 형상(image)으로 구성되어 있다고 했어요."

"질료와 형상이라고요?"

생전 처음 들어본 말에 아이들이 이구동성으로 되물었다.

"이 컵은 질료가 종이와 파라핀이에요. 그리고 형상은 물을 담을 수 있게 원뿔 형태로 만들어졌지요. 마찬가지로 오늘 여러분에게 주어진 형상은 시계예요. 그렇다면 원래 우리가 관념적으로 알고 있는 시계의 재료엔 어떤 것이 있을까요?"

선생님의 질문에 민지가 대표로 대답을 했다.

"톱니바퀴와 금속과 유리와 배터리 등이 있어요."

"그런데 우리에게 주어진 재료는 무엇이었죠?"

"종이와 종이컵, 이쑤시개와 나무젓가락 등이요."

"우리가 원래 관념적으로 알고 있던 재료와 판이하게 다른 재료가 주어져 당황했죠?"

선생님의 말에 '단무지' 팀 아이들의 얼굴이 일그러졌다. 처음에 토론을 시작했을 때 막막하던 상황이 떠올랐기 때문이다.

"네, 황당 그 자체였어요."

걸리보가 삐죽거리며 이야기하자 다들 쿡쿡거리며 웃었다.

"오늘 여러분들에게 주어진 재료는 일반적으로 시계를 만들 때 필요한 것들과 달랐어요. 하지만 '단무지' 팀은 시계가 가져야 할 형태와 형상의 본질을 제대로 파악하고 있었어요. 여러분은 원래 알고 있던 시계의 형상이 아니라 하루를 밤낮 12시간으로 나누고 한 시간을 60분으로 나눌

수 있는 운동이면 모두 시계가 될 수 있다는 가장 핵심적인 생각을 한 거예요. 즉 시계로서 필요한 기본적인 형상을 추상적으로 생각한 것이죠. 그래서 해시계와 물시계를 생각해냈고, 그 둘이 서로를 보완하는 관계로 만들 수 있었어요. 게다가 다른 사람들이 볼 수 있도록 모니터 형태의 아날로그 시계를 만들었으니 정말 대단한 거지요."

선생님의 칭찬에 아이들의 얼굴이 환해졌다.

"와! 우리가 만든 작품에 그렇게 오묘한 원리가 숨어 있었다니 정말 놀라워요."

선생님과 아이들은 저녁을 먹고 다들 집으로 향했다. 종일 머리를 쓰느라 피곤했는지 아이들은 선생님의 차 뒷자석에서 모두 곯아 떨어졌다.

일주일 뒤, 각 신문에는 초등학교 학생팀이 대상을 탔다는 소식이 대문짝만하게 실렸다. 걸리보와 단무지팀은 이번에도 엄청난 결과를 얻을 수 있었다.

누구나 자연을 유심히 관찰하고, 그 관찰을 통해 얻은 아이디어로 상상을 하고 난 뒤, 상상을 현실의 작품으로 남길 수 있다. 이때 추상을 통해 꼭 필요한 형상을 만들어내고, 이 형상을 갖고 필요한 재료를 조합하면 새로운 발명이 되기도 한다. 이 원리를 깨달으면 누구나 영재가 되고 누구든지 1만 명을 먹여 살리는 위대한 천재가 될 수 있다. 걸리보는 점점 더 자신의 능력을 키워가고 있다. 여기까지 함께한 여러분의 능력은 어느 정도 자랐는지 궁금하다.

맺음말

빼기와 나누기

　여러분은 이 책에서 추상왕이 어떻게 탄생하는지를 배웠단다. 추상화를 '단순화시키는 과정'이라고 정의하고, 이렇게 설명해보면 어떨까?

　혹시 '모래 빼앗기 게임'을 아니? 쌓아둔 모래에 막대기를 꽂아놓고 서로 막대기를 넘어뜨리지 않고 모래를 덜어 가는 게임이지. 우리가 해야 할 '단순화 과정'이란 막대기가 넘어지지 않을 만큼 남은 모래와 같은 거란다.

　나무 막대기를 지지하고 있는 모래 가운데 99%는 의미가 없지. 하지만 이 게임을 게임답게 만들기 위해서는 99%의 모래가 있어야 한단다. 마찬가지로 좋은 내용의 추상을 만들어 보려면 내가 가지고 있는 형상의 많은 부분을 하나하나 벗겨내듯이 걷어내야 한단다. 그렇게 본다면 추상화는 빼기도 되고 나누기도 된다고 하겠지.

　이렇게 어떤 깨달음에서 중요한 것만 남기고, 나누거나 걷어내다 보면 나만이 발견하고자 하는 독창적인 아이디어가 나타난단다. 이렇게 추상이 완성되는 거야.

　남과 다른 독창성을 갖는 아이디어를 많이 생각해낸 사람은 '남다른 무언가'를 할 수 있고, 나중에 세계적인 사람이 될 수 있단다.

　과학의 원리도 마찬가지란다. 어떤 새로운 사실을 발견했을 때 요약해도 요약해도 남는 것이 원리가 되니 그것 또한 추상이라고 할 수 있는 거란다.

    이런 추상으로 진실을 발견해낸 과학자들이 있단다.

    아르키메데스는 순금과 가짜금의 진실을 밝히기 위해서 물질의 비중과 배수량에 대해 고민을 했지. 그러던 중 목욕탕에 들어간 아르키메데스는 자신의 몸무게 때문에 물이 넘치는 것을 보고 핵심 원리를 간파했어.

    많은 사람들이 망치질 소리를 주의 깊게 듣지 않을 때, 쇠막대기이건, 첼로의 현이건 간에 물체의 길이나 음의 높낮이와 관련이 있다는 것을 알아낸 사람은 대장장이의 망치 소리를 듣고 있던 피타고라스였단다.

    또한 사람들은 수없이 하늘을 처다보았지만 하늘이 왜 파란지에 대해선 누구도 의문을 제기하지 않았단다. 여기에 의문을 가진 인물은 18세기의 물리학자 존 틴달이었어. 그는 하늘의 색은 대기 중의 먼지나 다른 입자들과 부딪쳐 산란하는 햇빛에 의해 결정된다는 것을 밝혀냈단다. 그가 개발한 몇 가지 기술은 오늘날 우리가 대기오염도와 물의 청정도를 측정하는 데 쓰이고 있어.

    예술은 아름답기도 해야 하지만, 또 다른 목적 중 하나는 재미있어야 한다는 거야. 여기서 '재미'란 '새로움'과 같은 말이란다. 발상의 전환으로 이런 '예술적 재미'를 주는 대표적인 장르가 '팝아트'란다.

    팝아트 작가들은 코카콜라 같은 누구나 알고 있는 대중문화의 이미지를 변형

해서 작품을 만들었어. 그들에게는 광고, 만화, 신문, 잡지의 이미지가 모두 작품의 소재가 되었지.

특히 팝아트 작가 중에서 리히텐슈타인은 작품을 창작하는 방법이 아주 독특하단다. 잡지나 책은 인쇄할 때 인쇄를 위해 잉크가 스며들도록 파 놓은 망점이 생기는데, 이것을 확대하면 보기에 흉하단다. 확대할수록 원래의 그림은 보이지 않고 추한 인쇄의 점만 보이지. 그렇게 인쇄할 때 드러나는 망점이 크게 보이도록 확대한 뒤 이를 캔버스 위에 유화 등의 재료로 다시 그렸단다.

팝 아트 (POP ART)

전통적으로 회화는 자연을 소재로 삼았지만, 20세기부터는 '이미 있는 이미지'에 작가의 새로운 해석을 보태는 작업도 미술 작품으로 여기기 시작했다. 특히 팝아트는 기성 대중문화 이미지를 고급미술 수준으로 끌어올림으로써 미술의 '고상함'에 정면으로 도전했다.

팝아트는 미국이 유럽의 귀족적 미술에서 벗어난 첫 번째 미술이었고, 지금까지 세계 현대미술에 끼치는 영향이 막대하다. 특히 리히텐슈타인의 〈행복한 눈물〉은 60년대 스타일을 잘 보여주는 좋은 작품이다.

작가는 이런 단순한 기법을 통해 사람들에게 우리가 멋있다고 보는 사진이나 잡지의 인쇄물들이 사실 점이 여러개 찍힌 '눈속임'이라는 것을 고발했단다. 그뿐 아니라 아무리 멋진 그림이며 사진이라도 자세히 보면 촌스럽고 색깔도 이상하다는 것을 드러내 보여준단다. 여기서도 단순화의 기법, 즉 추상적 작업이 적용되었단다.

자! 이제는 너희들이 새로운 작품을 만들고 남길 차례란다. 작품을 남기려면 먼저 아리스토텔레스처럼 세상의 모든 것을 요약하고 요약해봐야 한단다. 그것을 추상화 작업이라고 하지.
그래서 남게 되는 두 가지, 형상과 질료를 갖고 자신이 표현하고자 하는 것을 새롭게 구성해나가는 것이 창작이란다. 그러니 추상은 창작과 발명을 위해 꼭 거쳐야할 단계라는 것을 잊지 말기를 바란다.

걸리보의 생각왕시리즈 3
단순요약 추상왕

2010년 7월 20일 1판 1쇄 인쇄
2010년 7월 30일 1판 1쇄 발행

지은이 김재헌
펴낸이 이종춘
펴낸곳 BM 성안당

주소 경기도 파주시 교하읍 문발리 출판문화정보산업단지 536-3
전화 031-955-0511
FAX 031-955-0510
등록 1973. 2. 1. 제 13-12호
홈페이지 www.cyber.co.kr
수신자 부담 전화 080-544-0511

이 책을 만든 사람들
편집 · 진행 박재언, 홍희정
구성 황윤정
일러스트 김상인
표지 · 본문 디자인 디자인 비따
홍보 박재언
제작 구본철
출력 이펙

ISBN 978-89-315-7448-7 74170
ISBN 978-89-315-7445-6(세트)

Copyright©2010 by Sungandang Company All rights reserved.
First edition printed 2010, Printed in Korea.

이 책의 어느 부분도 저작권자나 BM 성안당 발행인의 승인 문서 없이 일부 또는 전부를
사진 복사나 디스크 복사 및 기타 정보 재생 시스템을 비롯하여 현재 알려지거나 향후 발명될
어떤 전기적, 기계적 또는 다른 수단을 통해 복사, 재생하거나 이용할 수 없음.